U0461398

著

叶山

路上的美国史

重庆大学出版社

目 录

被野牛踏破的
地理屏障

在美国东部的阿巴拉契亚山区的密林里，隐藏着许多蜿蜒曲折的小径。它们有的像阿巴拉契亚小径（Appalachian Trail）一样闻名全美，吸引着来自各地的户外活动爱好者，也有的默默藏身在山谷深处，无人问津，逐渐被荒草和灌木吞没。在那些默默无闻的小径里，有一条曾在美国历史发展过程中扮演过重要角色，它就是大印第安战道（Great Indian Warpath）。

大印第安战道并不是一条单一的道路，而是由一条主干线加上许多支线组成的交通网络。它的主干线基本位于阿巴拉契亚山中，北启纽约州北部的布法罗，南到亚拉巴马南部的莫比尔，南北跨度将近2 000千米；其支线还可通向中西部以及东海岸。在某些区域，它也有不同的名字，例如在纽约州，它被称为"塞内卡小径"；在宾夕法尼亚中部，它被称为"秃鹰泉之路"；在田纳西北部，它被称为"大山谷之路"；在俄亥俄河谷沿岸，它被称作"卡纳瓦小径"；等等。[1]

---

1 感谢澎湃新闻的熊丰编辑在本书初稿的完成过程中提出的宝贵意见。

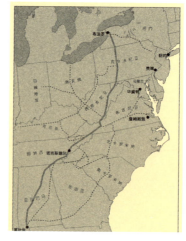

从野牛到原住民

这条战道最初的形成并非是美洲原住民的功劳，当然也和后来的殖民者无关。开辟它们的，是曾经生活在阿巴拉契亚山区的一种动物——北美野牛（Bison）。由于历史上的过度捕杀，如今的北美野牛只分布在美国西部的部分区域，但它们的活动范围曾经十分广阔，从加拿大西北部的育空地区到美国东南部的田纳西皆有分布。殖民时代，初来乍到的欧洲人把这些野牛误认为是和亚洲及非洲的水牛相同的物种，因此管它们叫"大水牛"（Buffalo）。直到多年以后，人们才意识到了错误，给这种动物正名为北美野牛，但 Buffalo 这种约定俗成的叫法在美国一直存在至今，它所衍生出来的一些地名也保留了 Buffalo 的名字，比如纽约州北部的一座重要城市就是以 Buffalo（布法罗）来命名的。

在阿巴拉契亚山的森林里，这些野牛移动着硕大的身躯，迈着沉重的步伐，逐水源而行，在灌木丛里踏出了一条条迁徙之路。当原住民逐渐占据了阿巴拉契亚山以后，那些由北美野牛走出来的路径就变成了他们的交通要道。这些小径虽然崎岖艰险，但它们却有着不可替代的作用：连通阿巴拉契亚山中的各个谷地，通向各个水源，同时也把南北狭长的阿巴拉契亚山的各个部分，以及东部的沿海平原，连成了一体。

美国东海岸以及阿巴拉契亚山沿线分布着阿布纳基、佩科特、莫西干、勒纳普、卡塔瓦、奇克索、赛米诺等大大小小数十个原住民部族，其中实力最强、人口最多的有四支：北方的易洛魁人（Iroquois）、中部的波华坦人（Powhatan）、阿巴拉契亚山西侧低地的肖尼人（Shawnee）和南部的切诺基人（Cherokee）。他们各有特色。比如，易洛魁人的六个大部组成了易洛魁联盟，领地广阔；波华坦人征服了周围三十多个小部落，成为东海岸的一个霸主，社会等级森严；肖尼人凝聚力强，有很规范的统领体系；切诺基人思想开放，擅长外交，还有一套自己的药学体系。在早期，这些部族虽有空间上的迁徙，但总体来说他们之间都是井水不犯河水且交流不多，因此发展出了不同的语言和文化。这背后的原因就包括阿巴拉契亚山带来的交通上的阻碍。

虽然阿巴拉契亚山并不算高大，但它地形复杂，森林密布，在没有现代化交通工具的年代，想要在这座山中穿行是很不容易的。而野牛踏出的大印第安战道打通了阿巴拉契亚山给本土文明带来的地理隔绝，让原住民对远方世界的探索更为便利。美国东部那些原本不相往来的印第安部落之间，通过这条宝贵的路径，相互之间逐渐有了交流。

北美洲主要原住民部族及文化区

北美洲主要原住民部族及文化区

从贸易到战争

不同部族之间的交流，最开始一般是简单的贸易：以己之所有，换己之所无。野牛踩出的小路，给了不同部族之间进行物资交换的机会，因此这条路还有个名字：大印第安战争和贸易之路（Great Indian War and Trade Path）。考古证据表明，早在1 500年前，早期的原住民就曾经在这些小径上往来过。在西弗吉尼亚的大印第安战道沿线，一些古代村落的遗迹里，考古学家发现了来自大西洋以及墨西哥湾的贝壳，以及来自五大湖地区的铜矿石。这些显然都是早期人类文明的杰作。

由于战道地形复杂，沿途又少有补给，原住民在这条小路上的贸易并不十分顺畅。欧洲人对小路上往来的原住民的描述是：

"他们背着不多的补给和货物，徒步行走在这些小路上，每天行进40千米却什么也没办成。偶尔遇到其他人，便交易鳟鱼或毛皮等物。"当时，马匹等牲畜尚未引进到美洲，因此在长达约2 000千米的小路上，原住民只能靠双脚行走。

小路沿线人口密度低，岔路又很多，为了便于寻找返程的路，印第安人经常在岔路口进行一些"即兴创作"，比如在路边的岩石上刻下图案，或者在树上雕出花纹，甚至把小树的枝干扭曲成各种不同的形状等。小树长大之后，就会形成千奇百怪的姿态。

大印第安战道上被人为扭曲的树干

贸易可以缓慢地展开，但战争却刻不容缓。随着不同部落之间的交流渐渐深入，矛盾的出现也就不可避免了。为了土地和水源，甚至只是为了一个宗主的名义，不同部族之间的流血冲突是司空见惯的事。在人们的印象里，美国东部的原住民部族，远不如西部平原上的那些狂野的游牧民族骁勇。然而，这是一种偏见。

实际上，以肖尼人和易洛魁人为代表的东部民族，在历史上也是十分勇武好斗的。

大印第安战道沿线留下的传说与地名，揭示着曾经在路边发生过的那些血雨腥风。例如，在它所经过的州中，有一个肯塔基州（Kentucky），这个州的名称来源于易洛魁语的 Kentake 一词，意思是"鲜血染红的土地"。这个州的位置正好是大印第安战道的中段，战道在其境内经过了许多一夫当关万夫莫开的山坳和险关，地理位置十分重要。同时，这里也是易洛魁、肖尼和切诺基等各大民族势力范围的重叠区，历来被各部族反复争夺，在这一区域里发生过无数次血战，因此才得名"肯塔基"。

肯塔基州和大印第安战道的位置，以及 16 世纪北美东部主要原住民部落的分布示意图

殖民时代

殖民时代到来之后，大印第安战道变成了沟通原住民和欧洲文明的桥梁。不管是从西边来的西班牙人、从北边来的法国人、还是从东边来的英国人[1]，都通过这些纵横交错的小路穿越阿巴拉契亚山，和各部原住民建立起了各种各样的联系。一时间，大印第安战道上涌现出许多白人的身影。

最开始，印第安人对这些白人探险家和投机商人持欢迎态度。印第安人很多都是优秀的猎手，他们可以给欧洲人提供一种当时在欧洲上流社会很受欢迎的商品——海狸毛皮。而欧洲人的布匹、枪支、药品和酒则是印第安人十分喜爱的回馈。印第安人的贸易有了欧洲人的加入，那种"走了40千米却什么也没有办成"的情况就越来越少了。

随着欧洲人的到来，大印第安战道的通行条件也得到了改善。一些关键地段得以扩宽，沿途甚至还建设了一些据点。很多路段被命名，并被标注在地图上，一些岔路口也有了路标，不再会出现需要通过进行临时的"艺术创作"来标明路线的情况。

然而，印第安人和欧洲人之间的蜜月期来得快，去得也快。印第安人和零散的欧洲人的单纯贸易关系，随着欧洲殖民者的大规模登陆而告一段落。双方从贸易伙伴，逐渐变成竞争对手甚至

---

1 此时指英格兰王国，还不是日后的大不列颠王国乃至联合王国，为了方便叙述，以下简称英国。

致命威胁。以波华坦为首的弗吉尼亚诸部，和英国殖民者接触时间最早。詹姆斯敦建立后，为了应对英国人与日俱增的威胁，波华坦人和臣属于他们的其他部落组成了波华坦联盟，在17世纪前期和英国人进行了盎格鲁—波华坦战争。这场战争从1610年持续到1646年，其间虽因波华坦部的公主和英国人联姻带来了短暂和平，但大多数情况下，双方处于敌对状态。

在同英国人作战期间，大印第安战道成为原住民的大动脉。他们沿着这些岔路极多的崎岖小径行军，神出鬼没，常常让美洲

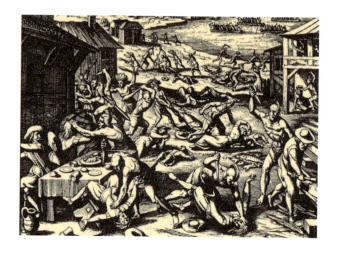

描绘1622年波华坦弗吉尼亚大屠杀的版画（瑞士画家马特乌斯·梅里安创作）

大陆的"新人"英国人措手不及。在1622年，还发生了弗吉尼亚大屠杀事件：波华坦部的战士出人意料地绕过负责防守的英军主力，袭击了詹姆斯河沿岸的几个英国人村落和矿场，杀死了1/4的英国人。正因如此，这条小路也被命名为"大印第安战争之

路"。后来，英国人展开报复，对波华坦部发动了一轮又一轮攻势。最终，这场旷日持久的战争以双方的妥协告一段落。但从此以后，波华坦部也元气大伤，最后联盟瓦解，部众分散到了东海岸的各个州。

其余的印第安人部落也相继受到了欧洲人的影响。比如，从北而来的法国人一边传教，一边追寻着新的狩猎场地，他们看中了易洛魁人势力范围腹地一片盛产海狸的地区，想要将其据为己有。于是他们利用大印第安战道，由德农维尔侯爵率领军队，在各部的易洛魁人之间迂回穿插，深入到了易洛魁联盟各部之间的空隙区，并成功地建立了德农维尔堡（今纽约州的尼亚加拉堡）。

以切诺基人为首的南方各部，思想比较开放，率先接受了欧洲人的宗教和文化。善于外交的他们，主动和欧洲人进行贸易并买卖土地。而骁勇的肖尼人则从欧洲人那里学会了枪支的使用，并把枪支配备给了自己的部队，守备在阿巴拉契亚山中各地的险要之处，让英国人无法踏入自己的地盘。后来他们成为法国人的盟友，在七年战争时期与法国人并肩作战，对抗英国。而位于五大湖沿岸、英法势力范围交叉区的易洛魁联盟，则站在了英国人的一边，在七年战争里帮助英国人牵制住了许多支持法国人的原住民部族。

七年战争法国人战败，和英国人为敌的肖尼人遭到了英国人的报复。英国人向西进军，企图蚕食肖尼人的地盘。然而，组织严密的肖尼人很快就稳住了阵脚，利用大印第安战道的诸多岔道，在各地险要的山口里和英国人打游击战。最终，英国人虽然名义上越过了阿巴拉契亚山，占据了山脉西侧的大片土地，但实际上对肖尼人的地盘并无太大的控制力。相反，在七年战争中和英国人结盟的易洛魁联盟得到了英国人的支持。他们占据了许多附近的其他部落的土地，发展得越发强大，其六个大部中的塞内卡部也得以牢牢扼守住了战道北段的商贸路线。

战道的遗弃

1763年，英国颁布了《1763年皇家公告》，禁止各殖民地开发阿巴拉契亚山以西的土地。英国颁布这个公告的原因有很多，

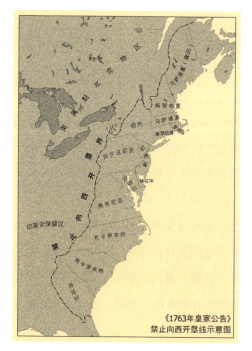

禁止向西开垦线示意图

《1763年皇家公告》
禁止向西开垦线示意图

路上的美国史

比如考虑到税收和贸易垄断，以及此前庞蒂亚克起义的影响等。其中还包括防务上的考虑（避免和肖尼人发生冲突、确保易洛魁联盟的领地不受侵犯等）。而《1763年皇家公告》中所提出的那条"禁止向西开垦线"中大部分路段就是沿着从纽约延伸到亚拉巴马的大印第安战道主干道来规划的。

《1763年皇家公告》颁布后，在13个殖民地引发了轩然大波。在禁止向西开垦线以西，英国人建好的房屋和据点都被政府没收、封存，私自越线开垦甚至狩猎的人都会被逮捕。要知道，在大印第安战道以西，是水草丰美的俄亥俄河谷以及田纳西森林，那里不仅有肥沃的土地，还有各种矿产资源，以及当时在欧洲非常受欢迎的海狸毛皮可以猎取。在《1763年皇家公告》颁布之前，已经有许多英国人沿着大印第安战道翻山越岭，穿过阿巴拉契亚山前往西部去寻求财富。而《1763年皇家公告》的颁布，让大印第安战道从英国人的发财之路变成了发财的屏障，自然引发了强烈的不满。殖民地内部怨言四起，暗流开始涌动。十多年之后，在一系列其他事件的累积作用下，这些涌动的暗流最终在莱克星顿汇成了洪水，演化成了独立战争。

美国的独立对于各部印第安人来说是个坏消息。独立战争之后，逐渐站稳脚跟的美国人对东海岸的印第安人展开了驱逐和清洗。大印第安战道沿线的各个部落先后遭到了攻击，要么像易洛魁人一样分崩离析，要么像切诺基人一样被迁到了西部的俄克拉何马。英勇的肖尼人以大印第安战道为掩护，进行了顽强的抵抗，一度给美军造成了挺大的麻烦，但最终也寡不敌众，难逃失败的厄运。

肖尼人的战败，标志着大印第安战道的历史接近了尾声。此后，大印第安战道的大部分路段不再有人行走，逐渐荒废了。人们在部分最重要的山口修建了公路。例如，美国的11号、15号、30号和219号公路，都和曾经的大印第安战道的部分险要路段有所重合。少部分战道被纳入了一些公园或保护区，人们仍旧可以目睹它们的模样。

纽约州的一段保留下来的大印第安战道

大印第安战道逐渐消失在历史的进程中，大部分早已被灌木和荆棘吞没，无迹可寻，但它在美国早期的原住民历史上所起到的作用，是无法被抹去的。它是北美大陆出现过的第一条长距离的交通要道，为不同文明之间的早期交流提供了不可替代的途径。

波士顿邮路：北美第一条城际快速路

　　美国是一个车轮上的国家，有着非常发达的公路网络。其中，成立于1926年的美国国道系统（US Routes，也叫编号公路系统）下辖的道路连通了美国本土48个州的几乎每一个重要城镇，总长度超过了25万千米，在美国的交通运输方面有着不可替代的作用。

　　美国国道系统中有一些非常有名的成员，其中包括它的1号公路。这条路北起缅因州美加边界的肯特堡，南到佛罗里达州最南端的基韦斯特岛，和大西洋海岸相伴而行，全程约3 850千米，沿途串起了波士顿、纽约、费城、巴尔的摩、华盛顿、里士满、迈阿密等重要城市。这条公路因其地理位置而荣获1号公路这个编号，它在美国历史中的重要性也完全担得起这个名字。谈到它的历史贡献，就不得不提到它的前世——波士顿邮路（Boston Post Road）。

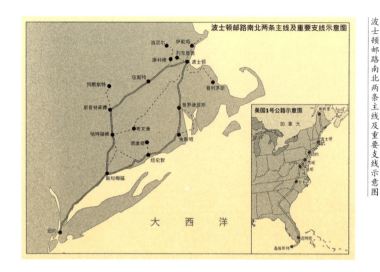

波士顿邮路南北两条主线及重要支线示意图

两个人的努力

　　波士顿邮路指的是殖民地时期，连接波士顿和纽约两座城市以及诸多新英格兰小镇的一系列道路。其中，它有两条比较重要的分支：从纽约出发，沿海岸线往东，经过纽黑文和普罗维登斯后，北上到达波士顿的南线；以及，从纽约出发，到达纽黑文后折向内陆，经过哈特福德到达波士顿的北线。

　　自从1620年满载清教徒的"五月花号"在普利茅斯靠岸后，新英格兰的几个英属殖民地便开始发展，一些重要的城镇纷纷在沿海地区形成。然而在内陆，新英格兰的发展却十分缓慢。新英格兰本来是原住民中佩科特人的传统地盘。那里并无连贯的道路，有的只是一些佩科特人走出的断断续续的小径，这给新英格兰各地之间的交流带来了一定的困难。

1638年，新英格兰各地联名奏请英王查理一世，希望他允许并资助新英格兰建立一套官营的邮政系统，这个看似很合理的要求却遭到了查理一世的回绝。查理一世觉得，建立邮政系统，就得建立连通内陆各镇的邮路，这对于殖民时代初期的英国来说并不轻松。何况，在紧邻新英格兰的哈德逊河边，还有虎视眈眈的荷兰人对新英格兰构成威胁。如果修建了道路，岂不是给荷兰人的入侵提供了方便？因此，查理一世没有同意新英格兰的请求。

虽然没有得到国王的支持，但在新英格兰有些人并没放弃。毕竟，各个城镇之间的信件交流是十分必要的。1639年，一位叫理查德·费尔班克斯的波士顿人揽下了这个活儿，他自己经营起了邮政业务。由于在英国本土，人们习惯在酒吧或咖啡厅投递信件，费尔班克斯把自己的家改造成了一间酒吧，命名为"费尔班

1650年左右的新英格兰和荷属殖民地形势图

克斯小酒馆"(Fairbanks Tavern)，供人们投递信件。于是，美国第一个真正意义上的邮局诞生了。

然而，一个人的力量毕竟很单薄，费尔班克斯只能负责短途的信件寄送，对于长距离的信件，他无能为力。邮政事业还是需要有官方背景的支持才能得以成功地经营。推动官方邮政发展的关键人物，名叫小温特鲁普(Winthrop the Younger)。他的父亲是曾经连任数届马萨诸塞湾殖民地总督的约翰·温特鲁普。小温特鲁普继承了父亲的事业，在新英格兰各地担任官员，最后当上了康涅狄格殖民地的总督。当然，人们记住他的，更多的是他那枚后来成为哈佛大学首个科学仪器的望远镜，以及他那双需要穿特大号鞋的大脚。

1645年冬季，还没当上总督的小温特鲁普从康涅狄格去波士顿办事。由于恶劣的路况以及沿途佩科特人设下的各种陷阱，小温特鲁普吃尽了苦头，甚至差点丢了性命。这场为期一个多月的无比艰苦的旅程让小温特鲁普永生难忘。同时，他也发现，在路况稍好的路段，沿途城镇会较多，经济也比较发达。这是因为，路况稍好的地方，更容易形成集市或建成教堂，进而会形成更多的居民点。于是，当小温特鲁普成为康涅狄格总督之后，便下决心要为康涅狄格修建一条通往波士顿的大路，一来是为旅客提供便捷，二来是振兴康涅狄格的经济。

1664年，英国击败了荷兰，占领了哈德逊河，建立了纽约殖民地。纽约的官员弗朗西斯·勒夫莱斯(Francis Lovelace)听说小温特鲁普有修路计划，便派人与其联络，请求联合修路。勒夫莱斯也有自己的考虑：他希望通过修路来加强纽约和波士顿之间的联系，这样一来，不仅可以发展两地及沿途的经济，更重要的是，还能更好地应对荷兰人随时会发起的反击。

1673年，小温特鲁普和勒夫莱斯开始着手规划线路。勒夫莱斯在春天和夏天先后两次亲自考察路线。第一次，他计划用两周时间从纽约走到波士顿，考察沿途的地形。然而他低估了路程的艰难程度，两周过去了，他才抵达康涅狄格境内的哈特福德，不得不放弃计划。精疲力竭的他给小温特鲁普写了封信，建议小温特鲁普召集本地最好的伐木工们一起来商议路线。最后，他还充满希望地写道："这条路一旦建成，便会成为国王拥有的道路里最好的一条。"

到了夏天，勒夫莱斯再一次外出考察路线，并和小温特鲁普在哈特福德会面。但这时纽约传来了一个惊人的消息：荷兰人对纽约发动了突然的反击，舰队已经抵达了曼哈顿外围！勒夫莱斯以最快的速度赶回纽约，然而他还是晚了，荷兰人重新占领了纽约城。勒夫莱斯见城市失守，赶紧派出一名骑兵，去给小温特鲁普报信，让康涅狄格做好战斗准备。这位骑兵连夜出发，几天后到达了哈特福德，把纽约的战况告诉了小温特鲁普。得知了最新战况后，小温特鲁普认为有必要让波士顿也防患于未然，于是他让这位骑兵继续赶往波士顿传达战争预警。可是，传统的路线并不适合战马的快速奔驰，因此这位骑兵只能硬着头皮选了一条新路，他沿着相对平坦的河谷区域一路往东北方向而去，也许是天意使然，这位好运的骑兵竟然在森林和山谷里闯出了一条易于马匹快速行进的好路，顺利到达了波士顿。无心插柳柳成荫，从纽约到波士顿的快速通道，竟然在这样狼狈的情况下被走通了。

勒夫莱斯却无法体会到任何喜悦。1674年，英军再度打退了荷兰人，收复了纽约。然而，勒夫莱斯因为擅离职守导致城市陷落，被判有罪。他被送回了英国，关进了伦敦塔监狱，不久就病故了。小温特鲁普则很欣慰地看到了这条路的开通。他应承了很多居民的意愿，借着这条路，发展新英格兰和纽约的邮政系统，因此这条路被称为波士顿邮路（后来的北线）。这不仅是北美历史上的第一条邮路，也是北美洲第一条连通两个大城市的可以全程跑马的快速道路。

富兰克林的贡献

小温特鲁普任命了美国历史上的第一位长距离邮差。这位邮差的姓名，历史上没有明确的记载。根据一些零散的史料，有人推测他的名字很可能叫爱德华。被小温特鲁普任命后，这位疑似名叫爱德华的邮差开始往返于纽约、哈特福德和波士顿之间。虽然是邮差，但爱德华的任务却远不止投递信件。由于波士顿邮路是那位运气极好的骑兵在慌忙之下走出来的，因此爱德华要做的，就是按照骑兵的描述，沿途做上标记，以免这条路得而复失。同时，他也要负责物色沿途建立客栈的地点。到后来，越来越多的邮差加入了爱德华的行列。在他们的任务里，还加上了救助沿途的旅客，以及报告沿途发现的可疑人员两项。

波士顿邮路的开通，带动了新英格兰经济的发展。新英格兰内陆的城市变得越来越多、越来越繁华。城市间的旅客数量也逐步上升，贸易变得通畅，军事防御也连成了一片，佩科特人和荷兰人也不再是新英格兰的威胁。后来，南线及各支线也被开通，新英格兰开始变得欣欣向荣。

爱德华之后，在波士顿邮路上工作谋生的人也越来越多。这其中，涌现出了也许是世界历史上最著名的一位"邮差"——本杰明·富兰克林（Benjamin Franklin）。对于这个名字，不同的人有不同的第一印象：在雷雨天放风筝的疯狂科学家，建立了宾夕法尼亚大学的教育家，参与起草《独立宣言》的美国国父，常驻法国的外交家，指点了托马斯·潘恩的思想家，印在100美元纸币上的那个老头。没错，这些说的都是同一位富兰克林，他年轻时的职业就和波士顿邮路紧密相关。富兰克林和波士顿邮路有着不解之缘，他出生的那所房子就位于波士顿邮路边。和他一

第一条邮路的开通方向

生诸多光辉贡献相比，他在邮政系统工作的这段经历并不算出彩，然而正是因为他当邮政局长时取得的成就，波士顿邮路在美国历史上的作用被提升了一个档次。

1753年，富兰克林被任命为邮政局长。上任之后，他去波士顿邮路沿途视察。他发现，沿途邮局的分布十分不均匀。比如，从纽约到纽黑文这一百多千米的区域，以及从沃伦到莱斯特这几十千米的地段，人口不少，却连一个邮局也没有。他还发现，北线的信件比南线更容易延误，因为大多数邮差更愿意走沿海岸线前进的南线，而不愿意走上下坡更多的北线。于是，富兰克林在邮政系统内发起了大改革。他淘汰了懒惰和不称职的邮差，节省了开支，然后用省下的钱在邮路的沿途新增了许多邮局，让邮政服务能惠及更多的人口。他重新制订了价目表，把价格变动的距离区间更加细化，明显降低了距离较近的信件的寄送费用。如此一来，愿意使用邮政系统的人也就多了起来。信件一多，平均成本跟着降低，那么长距离寄送信件的收费也就相应地降了下来，因此吸引了更多人使用邮局，形成了良性循环。

富兰克林还发明了根据收件人姓名和地址而进行邮件分类的系统，也就是美国邮编的雏形，此举大大提高了邮政系统的效率。为了进一步增加邮政系统的收入，他开设了送信上门的服务，顾客只要多加半便士邮费，就能在家门口取信，而不用去邮局。他还推出了夜路传送服务，把从纽约到波士顿的寄送时间从两周左右减少到了四天，形成了最初的"快递"业务。

而富兰克林带来的更为重要的改革有两项——里程碑和报纸。

长距离的旅途，难免会有意外。遇到意外的旅客或邮差，会拜托同路的人去下一个城镇求援。但同路的人经常很难说清发生意外的具体地点，这样一来就会出现无谓的时间和经济损失。富兰克林想出了一招，他在波士顿邮路的路旁，每隔一英里（约1.6千米），就设置一块石碑，上面刻着"距离波士顿××英里"的字样，于是人们就能更准确地给自己定位，不仅方便了救援，而且也方便行人对自己旅程进行规划。里程碑就这样出现了，后来被运用到了美国大大小小的公路上。长途旅行的人更多了，沿途的经济也相应得到了长足的发展，从此，新英格兰成为北美经济最发达的区域。

北美第一份报纸的诞生，也是富兰克林的功劳。当邮政事业开始蒸蒸日上之后，富兰克林觉得，这么伟大的系统，除了传递

波士顿邮路的里程碑

人们的私信外，应该还能产生更大的作用——传递新闻和思想。在他的倡议下，《波士顿新闻信笺》（*Boston News Letters*）问世了，它满载各类新闻和文章，沿着波士顿邮路，被送往千家万

户，从此，新英格兰和纽约的居民开始关心时政，新英格兰的识字率也得到了提升。

从邮路到公路

报纸拥有令人不容小觑的力量。1773年12月16日，波士顿港口发生了倾茶事件，一群反垄断、反重税的波士顿人在夜色的掩护下摸上了英国的船只，将装载在船上的茶叶全都扔到了海里。第二天，关于此事的新闻就通过报纸传遍了几乎整个马萨诸塞州。没过多久，从新罕布夏到纽约的人们都知道了这件事。英国政府旋即对北美殖民地采取强硬措施，英国海军封锁了波士顿港口。这个消息再一次通过报纸，迅速传遍了整个新英格兰，之后又通过纽约，经南边新建的其他道路，快速传向了南方各殖民地。报纸传递的不仅是英军封锁波士顿的消息，还传递着殖民地人民的不安、愤怒和失望。借着这股怒火，殖民地和英国本土的矛盾被激化到了不可挽回的地步，并最终把北美引向了革命的道路。很快，在1775年4月19日，莱克星顿便传来了独立战争的枪声。

波士顿邮路在独立战争中也扮演了重要角色。莱克星顿之战前夜，波士顿的银匠保罗·列维尔便是通过波士顿邮路，前往莱克星顿及康科德的殖民地志愿民兵集合点通风报信，这才有了莱克星顿那场著名的战斗。莱克星顿之战当天，一位民兵骑着快马，沿着波士顿邮路南下，沿途传递着一个消息："渴望自由的朋友们，大家注意了，今天早上天亮前，大约1 000~1 200名英国士兵在

没有受到任何挑衅的情况下，对我们开枪了！"这条简短的消息点燃了殖民地人民的怒火，一直传到了纽约，后来又传到了费城、弗吉尼亚，沿途的民兵纷纷做好了战斗准备，正式拉开了独立战争的序幕。

有意思的是，独立战争中，美国国父、大陆军总司令乔治·华盛顿率队打的第一仗，便是在纽约阻击英军，保护波士顿邮路。可是华盛顿失败了，被迫退走新泽西的普林斯顿，直到他夜渡特拉华河、奇袭特伦敦得手之后，才扭转了战局。

独立战争之后，波士顿邮路逐渐走上了新的发展道路。一位名叫勒维·皮斯（Levi Pease）的铁匠，在波士顿邮路上开展了一项新的生意——长途载人马车。他为往来于波士顿、普罗维登斯和斯普林菲德三地之间的旅客提供舒适的宽蓬马车服务。这样的旅途比骑马和徒步都要舒适、省时很多，因此受到人们的热捧。从此，长途客运业务在美国出现。

当这项业务逐渐发扬壮大之后，人们对道路的平整度和宽度等又有了新的标准。于是，波士顿邮路被扩宽、平整，并且越过纽约，继续向南沿着海岸线延伸。美国就此提升了自己的速度，就连邮政局也被迫顺应潮流，不再使用骑马的人当邮差，转而改用马车寄送信件。而引发了这一系列变革的勒维·皮斯，被后人誉为新英格兰公路之父。

汽车出现之后，这条路被进一步平整、扩宽，并逐渐从波士顿延伸到了佛罗里达半岛，与南方的另外两条在历史上赫赫有名的路径——林肯公路（Lincoln Highway，第一条横穿美国的

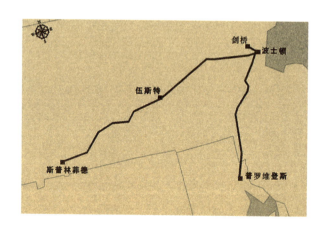

勒维·皮斯的载客马车线路示意图

公路）和迪克西公路（Dixie Highway，最早纵穿美国的公路之一）——的部分路段连成一体，组成了一条沟通南北的东海岸大动脉。

在美国建立后的历史里，波士顿邮路上还发生过许多往事。例如，林肯在竞选总统前，曾连续在波士顿邮路沿途巡回演讲，

得到了很高的支持率；"高速公路"这个概念，最早是小罗斯福总统提出来的，而小罗斯福提出这个概念的原因，就是因为他在纽约当州长的时候，曾被堵在了波士顿邮路上。这条路还在日后引发过关于"铁路和公路究竟谁更重要"这样一场旷日持久的争论。

1926年，美国规划国道系统，这条以波士顿邮路为雏形发展而来的东海岸大动脉，因为其独特的地理位置和历史贡献，荣获1号公路的编号。1938年，连接迈阿密和基韦斯特岛的长达180千米的跨海高速路修通，成为1号公路的最后一块拼图。如今，"波士顿邮路"这个名称已经淡出了人们的记忆，但由它发展出的1号公路仍旧是美国东部最重要的交通运输要道。

一路向南的大马车之路

从殖民时代到美国建国初期，有一条从费城通往南方地区的路，在交通、战争以及文化发展上，都起到了举足轻重的作用。这就是著名的大马车之路（Great Wagon Road），美国南方的母亲路。

大马车之路的北端起点，在宾夕法尼亚最大的城市费城，因此它也被称为"通往费城的马车之路"。从费城出发，大马车之路向西，经过兰开斯特和约克，在盖底斯堡以西钻进了阿巴拉契亚山，然后折向南方，沿着蓝岭山和阿勒格尼高原之间南北走向的阿巴拉契亚大谷地，穿过弗吉尼亚、北卡罗来纳和南卡罗来纳，最后到达佐治亚萨凡纳河畔的奥古斯塔，全长约1300千米。

大马车之路及18世纪50年代形势示意图

欧洲来的移民

　　和北美洲的很多早期交通要道一样，大马车之路最初也是印第安人用于狩猎的道路，被称为战士通道（Warrior's Path）。1682年，英国贵族威廉·宾（William Penn，又译威廉·佩恩）考察并开发了纽约以南的区域，建立了宾夕法尼亚殖民地[1]，首府设在特拉华河沿岸的费城。由于威廉·宾信奉的是崇尚宽容、平等与和平的贵格会（Quakers）[2]，他治下的费城政治清明、思想开放、商贸兴盛、社会和谐、信仰自由，因此吸引了一批又一批的移民。

1　意为"宾的树林"。

2　基督教的分支，又作公谊会或教友派。

这些移民中，有很多是舍弃了经济繁荣的新英格兰[1]而投奔费城的，同时，附近的原住民部族也都被费城接受。于是，费城及其所在的宾夕法尼亚后来居上，成为当时发展最迅速的英属殖民地。在1730年到1750年期间，费城又迎来了一波大规模的移民。这波移民主要来自欧洲，但他们不是正宗的英国人，而是德国和爱尔兰人的后裔。

这些人为什么到费城？那是因为他们老家的动乱。那时的德国没有统一，分裂为很多名义上隶属于神圣罗马帝国的小邦国。17世纪末和18世纪初，莱茵河沿线的黑森、巴登符腾堡、莱茵兰—普法尔茨等地区先后卷入了九年战争（又称大同盟战争）和西班牙王位争夺战争。尤其是帕拉丁（Palatinate）一带，连年战火后满目疮痍，只剩残垣断壁，幸存的人们纷纷向外逃离，其中有不少人逃到了英国。

英国不愿意在本土安置如此多的难民，便把其中很大一部分安置到了当时被英国吞并的爱尔兰，剩下的小部分被送往北美的殖民地。然而，到达爱尔兰的德国人完全无法融入当地社会，孤立地生活了几十年，造成了严重的社会问题和宗教矛盾。于是，不断有德国人再次离开住所。他们想到了那些前往北美的同胞，便投向了大洋彼岸的北美洲，而这其中的大多数，都选择了宗教环境最为包容的费城。因为在曾经的神圣罗马帝国，教会强迫每家派出男丁去参加无谓流血的宗教战争，这让德国人心有余

---

1 指马萨诸塞、康涅狄格、罗德岛、佛蒙特和缅因等地。

乌尔斯特地区在爱尔兰岛的位置示意图

悸，因此相比由严厉的清教徒主导的新英格兰，他们更倾向于选择宗教包容的费城。

1750年，爱尔兰发生了大起义，又把一拨人推向了费城：居住在爱尔兰北部的苏格兰人后裔。这些苏格兰人后裔曾经在老家和试图占领苏格兰的英格兰人进行了长期的斗争。1610年，英王詹姆斯一世在爱尔兰岛划出了一块名叫乌尔斯特（Ulster，今北爱尔兰及附近）的土地肥沃的区域，让给了这群苏格兰人。于是，这群脾气火爆的苏格兰人从英格兰眼中的刺头，变成了对付爱尔兰人的棋子。然而，和到达爱尔兰的德国人一样，这群苏格兰后裔失去了归属感，既不是爱尔兰人，也不是苏格兰人，更不是英格兰人。最终在动乱中，他们也决定前往费城，开始新的生活。

随着这些新人的加入，费城人口暴涨，超出了这座城市在当时所能承载的极限。于是，探索新的生存空间的运动展开了。许多人离开了日渐拥挤的费城。这其中既有新来的移民，也有已经在费城生活了很久的老贵格会成员。他们离开费城，往西前进，顺着印第安人留下的路径，走进了阿巴拉契亚山，然后沿着蓝岭背后的谷地，往气候更加温暖、土壤更加肥沃的南方前进。沿途上，一个个新的据点诞生了。每一个新的据点，都是一个抉择：

继续前进，就此安顿，还是沿途折返。有人停留了，有人折返了，但更多的人继续走了下去。最后的结果是，这些据点一个接一个，一直延伸到了弗吉尼亚的西南部，而且它们排列有序，彼此之间间隔有大约30千米，即一天可步行的路程。

这些寻找新家园的人并不孤独。在他们的身后跟来的是各式各样的商人：木匠、铁匠、药材贩子、裁缝、兽医、酒商等，为沿途的据点带来了必需的货物和服务。随后跟进的还有不同派别的教会，在大的据点附近建起了教堂，进而形成了新的城镇。在新家园安顿好的人，也在南方温暖潮湿且土壤肥沃的环境中，开始了耕种。他们生产出的食物，也沿着他们走过的路，被运往费城，进而销售到东海岸的各个城镇。

康尼斯托加马车的车厢

大量货物开始流通，马车因此取代了徒步和骑行，成为这条路上最常见的交通方式。于是，这条路得名"大马车之路"。在这条路上跑的马车是美国本土发明的带篷四轮马车。它最初出现在费城以西的兰开斯特附近一条叫康尼斯托加溪[1]的小河边，因此又得名"康尼斯托加

---

1 康尼斯托加溪是流经宾夕法尼亚中部的重要河流萨斯奎哈纳河的支流。"康尼斯托加"本来是当地原住民部落萨斯奎哈纳部的别称，在原住民使用的阿尔冈琴语里意为"旗杆的位置"。

马车"（Conestoga Wagon）。这种马车有四个轮子，前轮比后轮小，方便转弯；车斗空间很大，既可以运送大量货物，也可以装下普通人家的所有家当；车斗的下方是弧形，因此遇到大河的时候，它还可以被当作船只来使用；并且，车体的大部分部件都是可拆卸的，因此可以在受到损伤的情况下随时更换零件。

康尼斯托加马车不仅成为在大马车之路上广受欢迎的代步和运输工具，也为后来美国的西进运动打下了重要的硬件基础。正是这种马车，后来承载着美国，从大西洋沿岸走到了太平洋沿岸，走成了一个疆域辽阔的大国。可以说，它在美国历史上有着无可替代的分量。在改进版的康尼斯托加马车上，甚至还出现了刹车系统。这种刹车系统的操纵杆位于车身左侧，在紧急情况下拉动，可以使马车快速停稳。因此，驾驭马车的人一般都坐在车身左侧。这一习惯也影响到了后来的汽车：最早大规模生产汽车的是美国人亨利·福特，他参照了康尼斯托加马车的驾驶习惯，将汽车的驾驶座安排在左侧。福特汽车是最早普及开来的汽车品牌，因此在世界上的多数地区，驾驶员都坐在汽车的左侧进行操作。

18世纪40年代，弗吉尼亚代表英属殖民地，和大马车之路从前的主人——各部原住民——签订了使用并改造这条路的条约。之后，在这条路上旅行的白人都不再受到原住民的拦截，而这条路也得到了平整和拓宽，康尼斯托加马车在路上行驶的速度也更快了。逐渐地，这条路成了北美洲客流量最大的路。

大马车之路畅通了。德国人和爱尔兰人在沿线扎了根。时至今日，在弗吉尼亚州和北卡罗来纳州的西部，也就是大马车之路

照片

德国后裔的莱茵河式小屋

小屋照片

苏格兰-爱尔兰后裔的乌尔斯特式

的核心地段，我们都能找到各式各样的德式和爱尔兰式的建筑和庄园。夯土、白墙、外漏骨架和斜屋顶构成的莱茵河式小屋，以及白色矮墙、乌棚顶加石头围墙的乌尔斯特式小屋，在大马车之路的沿线随处可见。

移民中那些来自爱尔兰的苏格兰后裔，对阿巴拉契亚山有天生的好感，因为这里的景色，和他们最初的故乡苏格兰实在是太相似了。阿巴拉契亚山和苏格兰高地的那些山脉，本来就是一起形成的，只是经过几亿年的地壳运动，才分隔到大西洋的两端。对于这些人来说，阿巴拉契亚山就是他们的第二故乡，这里自然的野性和来自原住民的袭击等挑战，也恰好符合他们祖先在几百年的征战中，融进基因的那种喜欢抗争的性格。这些天生就擅长音乐的人，把具有独特民族风格的风笛、木笛、竖琴、锡哨、小提琴、手风琴和凯尔特民谣带到了阿巴拉契亚山中，并在此发扬光大，为后来这一带成为乡村音乐的摇篮奠定了基础。

开发卡罗来纳的腹地

大马车之路把南方殖民地和发达的北方连成了一体，推动了南方的经济发展。超高的客流量也让沿途成了富裕的地区。然而，这样充满希望的场景很快就被打破了。1756 年，英国和它的世仇死敌法国再度开战，史称"七年战争"[1]。战火遍及世界各地，北美洲自然也少不了被波及。法国联络了关系较好的休伦人和肖尼人等印第安人部落，组成联军，从阿巴拉契亚山西侧的俄亥俄河谷出发，扑向了英国人的地盘。战争开始不久，战火就烧到了宾夕法尼亚州的西部，大马车之路上。

富兰克林的漫画《不团结就死亡》

1　在北美洲又被称作法印战争。

此时的13个英属殖民地，虽然都效忠于英王，但实际是一盘散沙，各顾各的。面对法国人和印第安人的联军，各殖民地之间竟然都只顾自己的地盘，很少相互支援。于是在战争初期，英国一败再败，宾夕法尼亚州西部的阿勒格尼高原几乎全线失守，大马车之路也几乎成了法国的囊中之物。这条热闹的大路，突然间被战火阻隔，变得无人问津。

眼看英国殖民地将被法国各个击破，伟大的天才本杰明·富兰克林创作了著名的漫画《不团结就死亡》，最终说服了各个殖民地组成联合阵线，一致对抗法国。终于，战场形势开始逆转。1763年，法国战败，从此在北美洲一蹶不振，逐步退出了竞争。战争之后，大马车之路恢复了活力，再度成为北美洲客流量最大的路。

虽然在战争期间，大马车之路变得人烟稀少，但并非完全闲置。差不多同一时期，在这条路上发生了一件重要的事，那就是卡罗来纳州内陆的开发。起初，大部分从费城迁出的人行进到弗吉尼亚州西南部便不再前行，因为当地的山谷里水源充足，气候温和，土壤也还不错，人们没有必要继续南行了。但山谷的承载力也是有限的，久而久之，蓝岭背后谷地的人口数量也达到了最大负荷。然而，新的移民不断地到达费城，又继续沿着大马车之路南下，阿巴拉契亚谷地再也无法容纳更多的人，于是，这些后来的移民只得继续深入南方。

再往南，就是尚未开发的卡罗来纳内陆地区了。当时的北卡和南卡殖民地，大部分居民点都在沿海一带，内陆区域只有在大

现52号公路上能看到的引航山，52号公路的这一路段正是修建在曾经的大马车之路上的

河两岸才有城镇。广阔的内陆其他区域几乎荒无人迹。18世纪50年代，一位叫莫干·布莱恩特（Morgan Bryant）的丹麦后裔，带着家人从宾夕法尼亚州南迁。到达弗吉尼亚州西南部之后，他们发现该地区早已没有了留给自己家族的空间，于是他和他的家人们继续前行，穿过了通向南方的谢南多厄谷地[1]，路过了一座名叫"引航山"（Pilot Mountain）的山峰，来到了北卡罗来纳境内的皮埃蒙特丘陵地区[2]。

布莱恩特在皮埃蒙特丘陵上安顿了下来，建立了以自己名字命名的"布莱恩特据点"。布莱恩特也是贵格会的信徒，因此在"七年战争"之后，他的据点也吸引了许多后来者的投奔。这批投奔者里，除了贵格会信徒以外，还有很多摩拉维亚弟兄会（Moravian）和阿米希教会（Amish）的信徒。

摩拉维亚弟兄会起源于欧洲的波希米亚（捷克），在马丁·路德的宗教改革开启之前，他们就曾公开反抗罗马教廷。他们的理

1　又作"仙南渡"谷地，是阿巴拉契亚山脉中重要的南北走向谷地之一。

2　美国东部海岸平原和阿巴拉契亚山脉之间的过渡地带，是一片低矮的丘陵。

念是每个人都要平等自由地生活，不应受到统治者的约束。后来，遭到罗马教廷和世俗君主双重迫害的摩拉维亚信徒辗转欧洲各地，其中一支迁到了莱茵河谷，又随着德国人移民到了北美。阿米希教会则起源于瑞士，18世纪初转移到宾夕法尼亚，是一个保守的教派，信徒都崇尚简朴的生活。

尚未开发的卡罗来纳内陆，是这两个教派的理想乐土。对于摩拉维亚弟兄会来说，这片寥无人迹的土地上，没有政府的管理，没有税收，也没有宗教思想的禁锢，正好可以建立一个新的自由、平等、公正的社会。而对于阿米希教会来说，这片远离城市喧嚣的土地，正好是可以保持简朴、自然的生活状态的归隐之所。

于是，这两个教派的信徒在这里落地生根。他们以布莱恩特据点为中心，繁衍生息，仅仅过了两代人，卡罗来纳的内陆便建立起了一座座村庄，一直延伸到南卡罗来纳和佐治亚边境上的萨凡纳河沿岸。布莱恩特最初选择落脚的皮埃蒙特丘陵，后来发展成了以夏洛特、萨尔斯伯里和温斯顿萨勒姆一线为中心的北卡

北卡罗来纳温斯顿萨勒姆的摩拉维亚教堂（来自大英百科）

罗来纳最繁华的地带。布莱恩特在谢南多厄谷地里探明的那条路，最初被称为"卡罗来纳之路"。

到后来，更多的摩拉维亚信徒跟随而至。路上经过的那座几十千米以外便能看见的"引航山"，成为美国摩拉维亚信徒的一个精神象征。当他们顺着大马车之路南下，看到这座形状特别的山峰时，便知道，前方就是北卡罗来纳，就是自己的家园。卡罗来纳的内陆壮大了，来自北方的康尼斯托加马车纷纷驶上了这条路，把隐藏多年的卡罗来纳内陆地区和弗吉尼亚、宾夕法尼亚等发达区域连成了一体，因此这一段路也被归为大马车之路的一部分。

独立战争的生命线

在大马车之路的带动下，南方各殖民地的内陆地区，得到了长足的发展。但这还不是大马车之路所有的历史功绩。在独立战争期间，大马车之路成为殖民地大陆军最重要的补给线之一，在很大程度上确保了殖民地最终的胜利。

由于南北方的经济差异，独立战争时期，南方的几个殖民地打得很艰难。英国拥有殖民地所没有的制海权，南方各地的沿海城镇均被英军封锁。虽有法国在牵制英国海军，但以种植业为主的南方，在后勤上仍然相当吃紧。特别是北卡罗来纳殖民地的军队，一直是被英军重点围攻的对象。而在八年时间里，支持着北卡罗来纳坚持抗争的，就是这条大马车之路：物资和兵员可以通

油画《格林在前线指挥吉尔福特之战》

过这条路，直接通向远离被英军封锁的海岸线的卡罗来纳腹地，为南方的前线提供支持。

英国人当然也知道这条路的重要性。1780年，英军的副总司令查尔斯·康沃利斯（第一代康沃利斯侯爵）亲率队伍，向夏洛特挺进，目的就是要切断大马车之路，逼迫南方大陆军投降。当时的南方大陆军在康沃利斯的进逼下已经连续吃了好几场败仗，命悬一线。这时，华盛顿在大陆会议上力排众议，把战场上的新秀纳瑟内尔·格林派到了南方前线。格林到达北卡罗来纳之后，率领大陆军退守到内陆，在大马车之路沿线东一榔头西一棒槌地袭击康沃利斯，让康沃利斯的英军疲于奔命消耗着英军的体能和士气。

次年，两军在小镇吉尔福特进行决战。康沃利斯的英军虽然名义上取胜，但自己的损耗也大大地超出了预期，不得不放弃了对格林的纠缠，率队脱离战场，北上转战弗吉尼亚的约克城。格林成功地保住了大马车之路的通畅，也保住了南方大陆军的实力，为随后到来的胜利奠定了基础。此后，吉尔福特被改名为格林斯博洛，以纪念格林的这番贡献。

这场以大马车之路为核心发起的战争，是独立战争时期南方战线的一个重要转折点。从此，南方战场英军的优势逐步丧失，大陆军掌握了主动权。康沃利斯离开后，南方大陆军便发起了反击，收复了被英军占领的南方各处城镇。到几个月后进行的那场决定性的约克城之战[1]前夕，英军在南方只剩下查尔斯顿和萨凡纳两座城市，别的据点已被大陆军扫清了。

美国建国以后，大马车之路继续为美国服务。19世纪40年代，弗吉尼亚境内的路段被铺上了水泥，成为美国最早的水泥大道之一，被称为山谷快速道（Valley Pike）。然而，当铁路和公路系统逐渐发展之后，大马车之路，连同曾经被人们引以为傲的康尼斯托加马车，都逐渐淡出了历史。但这条路做出过的贡献，至今为人们津津乐道。如果没有这条路，美国南方内陆区域的发展不知会滞后多少年，阿巴拉契亚山南段的独特文化景观和音乐风格也不会产生，独立战争中的南方大陆军或许会面临更大的困境。因为对美国南方的种种贡献，这条路被誉为美国南方的母亲路。

1　1781年9月底到10月中旬，华盛顿率领的北美大陆军在法军的协助下将英军主力包围在弗吉尼亚的约克城，并迫使英军投降。这一战通常被认为是美国独立战争中的最后一场主要战斗。

翻山之路：
逆转独立战争的潮流

美国独立战争之初，由华盛顿等人率领的北美大陆军在英军及黑森雇佣军的攻击下节节败退，形势一度十分严峻。如果说举世闻名的"萨拉托加大捷"[1]扭转了北方战场的局势，让北美人民看到了获胜的希望，让法国、西班牙和荷兰等国下定了支持北美的决心，那么，发生于1780年的"国王山战役"则在南方战场上实现了潮流逆转，为北美殖民地的彻底胜利奠定了基础。

国王山战役发生在南卡罗来纳境内，整个战役仅仅持续了63分钟。英国人并没有卷入这场战役，交战双方都是北美的民兵，只不过一方是革命派[即爱国者（Patriots）]，一方是保皇派[即托利党（Tories）]。通过这场战役，革命派民兵为扭转整个战局

1　1777年9月到10月，北美大陆军在今纽约州北部小镇萨拉托加以南的弗里曼农场及贝米斯高地两次击败了从加拿大魁北克地区南下的英军，迫使英军的一支主力投降，从而稳住了纽约及新英格兰地区的战局，也促使法国和北美大陆军结盟。

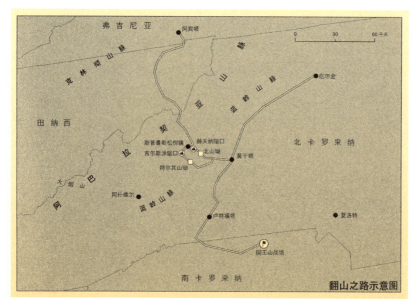

发挥了决定性的作用，他们在翻越蓝岭山脉时所走过的路，被作为独立战争的历史遗迹保留了下来。这条路就是"翻山之路"，也被后人称为"翻山胜利小径"（Overmountain Victory Trail）或"翻山者之路"（Overmountain Men Road）。

弗格森与民兵

翻山之路总长约520千米，名字中的"山"指的是阿巴拉契亚山脉中的著名子脉——蓝岭山脉（Blue Ridge Mountains，又作蓝脊山）。阿巴拉契亚山是一座地质复杂的褶皱山，由一道道南北平行的子脉组成，而蓝岭山脉是最东侧的子脉之一，俯瞰着低矮的皮埃蒙特丘陵区，以及大西洋沿岸的平原低地。这座山上茂盛的植物不断释放着异戊二烯，这种来自树脂的化合物在空气里和臭氧等强氧化剂发生化学反应，形成一些特别的气溶胶，在阳光和水汽的作用下会产生淡蓝色的烟霾。因此，从东边的平原向西远远看去，这座山就像一堵平地而起的蓝色高墙，遮挡着后面的世界，故而得名蓝岭山脉。

这座美丽的山岭同时也是阻碍美洲大陆东西向交通的第一道障碍，也长期分隔着东部的文明世界和中西部的荒野。翻山之路是由在北卡罗来纳西部地区这段被称为大烟山（Great Smokey Mountains）的蓝岭山脉上，零星分布的隘口和断断续续的原住民通道组成，十分崎岖难行，但总算是得以让人穿越蓝岭山。这条路为美国革命中的革命派提供了一条非常关键的通道，让在山西侧集结的民兵后备力量及时地投入到了南方战场上，并取得了关键的"国王山战役"的胜利。

这条路从弗吉尼亚南部小镇阿宾顿出发，穿过蓝岭山之后抵达莫干顿，然后再折向南方，通往南卡罗来纳境内的国王山（King's Mountain）。和许多早期的山中小路只剩下模糊的记载不同，翻山之路上的故事留下了精确到日的详细记载。关于那段历史，一首乡村民谣有十分精练的描述："九百位没经训练的山民，在悬铃木浅滩边聚集，他们响应着命运，去拯救叛逆的心灵。他们的路艰难崎岖，但他们有高昂的士气，直到打倒最后一个英国红衣兵，才会赢来战争的胜利……哦，山民们开始了跋涉，离开了东田纳西，他们翻山越岭，然后在会议树下重聚。麦道威尔下达了命令，为了自由而战，于是他们赶到了国王山，去证明自己的勇气……"

1780年夏天，英军少校帕特里克·弗格森（Patrick Ferguson）跟随着英军第71团抵达了南方战场。这位苏格兰人是南方战场的英军统帅康沃利斯麾下的一员干将，在南方战场登场之前，他就已经以轻装步兵的早期推崇者和弗格森后装式步枪的发明者而闻名了。这个人虽然久经沙场，却是个富有人文关怀的人：在以前的战斗中，他从来不对非部队编制的民众动手，甚至有过拒绝执行他认为不人道的命令的记录。这样独树一帜的性格让弗格森失去了以一己之力改变历史的机会：1777年在北方战场，他曾经在114米外将枪口对准了一位大陆军军官的后背，但他没有开枪，因为他觉得从别人的身后狙击，毫无正义可言，于是便放过了这位军官。他没有想到的是，他的这一举动改变了历史，因为从他枪口下逃脱的那位军官不是别人，正是北美大陆军的总司令、后来的美国开国总统乔治·华盛顿。

弗格森到达南方战场的时候，英军在南方战场上占有优势。和经济发达的北方不同，南方的几个殖民地，主要是以种植业为主，基本没有工商业，人口也偏少。在英国舰队的封锁下，在南方作战的北美大陆军，战备物资及兵源都十分有限。可是，南方的民兵却丝毫不逊色于闻名天下的新英格兰同僚们，他们持续地给英国人制造麻烦。在民兵的眼中，英军那套红色的军服是最好的射击标靶。在这样的形势下，弗格森被迫一改常态——他不再放过这些非编制的民兵，而是对他们采取坚决的镇压。同时，他决定在南卡罗来纳和佐治亚大规模招募北美的保皇派，同样也组成民兵，进一步瓦解南方几个殖民地的抵抗。

五月底，为了配合康沃利斯的军事行动，弗格森率自己招募的保皇派民兵从南卡罗来纳北上，向位于北卡罗来纳腹地的特莱恩郡挺进，在左翼策应康沃利斯的主力部队。一路上，他招募了更多的保皇派民兵，也镇压了许多北美爱国者。在他的配合下，康沃利斯占领了北卡罗来纳的重镇夏洛特。之后，弗格森继续扫荡南卡罗来纳和北卡罗来纳交界区的各个村镇，要把当地的革命派民兵赶尽杀绝。

入秋后，弗格森的部队进驻到了南卡罗来纳的西北部。他招募的保皇派民兵分成了几个营，驻守在厄诺伊河畔的玛斯格罗夫谷场（Musgrove Mill）附近。他们控制了谷场，让附近的革命派民兵断了粮，又控制了厄诺伊河的渡口，要困死革命派民兵。8月18日，200名革命派民兵在艾萨克·谢尔比（Isaac Shelby）的带领下，突袭了玛斯格罗夫谷场。在当地农民的帮助下，革命派民兵大获全胜，击毙和俘获了上百名保皇派，让弗格森几个月的努力都白费了。弗格森立刻率剩下的人马追赶革命派民兵。谢尔比的部下拼死奔逃了数十英里，才摆脱了弗格森的追兵。谢尔比不敢停留，带着部下逃进了阿巴拉契亚山中。

翻山者的集结

吃了这么大一个亏，弗格森气急败坏，他放出狠话：阿巴拉契亚山里所有革命派，如果不立刻放弃和英国的敌对，他将带兵进山清剿，所有革命派都会被绞死示众，革命派的家园会被刀剑屠戮，烈火焚烧。弗格森发出了这样强硬的最后通牒，要么是希望革命派能认怂，要么就只是逞口舌之快而已，因为在谷场之战以后，他自己也明白，他手下这些保皇党民兵是乌合之众，根本不堪一击。然而弗格森没有考虑到这句气话的后果：由于最后通牒威胁到了革命派的家人，接到这样最后通牒的革命派，在蓝岭山的另一边集结了更多的民兵，而这些民兵的口号已经不仅是自由独立之类的了，而是直接要找弗格森拼命。

新集结的民兵里，有很多人是被称为"翻山者"（Over-mountain Men）的边民。这些人的祖先通过印第安人的小径，逐步迁移到了阿巴拉契亚山的西侧，即田纳西和肯塔基等水草丰美、物产丰富的地区。他们在山的西侧建立了一个个小型的据点或居民点，在长期和自然的斗争以及和原住民的对抗中，他们变得英勇好斗、性格坚韧。1763年，英国禁止殖民地越过阿巴拉契亚山进行开垦，这直接损害了这些翻山者的利益，因此独立战争爆发后，翻山者们都跃跃欲试，时常通过各种小径翻过蓝岭山，在弗吉尼亚和北卡罗来纳等地袭扰英军。

当弗格森发出极具威胁性的最后通牒后，逃进山里的谢尔比到处宣传这份通牒，并号召所有愿意战斗的人集结起来，共同保卫家园。革命派民兵纷纷集结，他们的家人，包括妇女和儿童，也都拿起了肯塔基燧发长枪，以对抗弗格森可能发起的总攻。同时闻讯而来的还有那些早就想和英军决战的翻山者们。9月23日，数百名翻山者涌向了弗吉尼亚的阿宾顿，这座山谷里的小镇，是谢尔比逃进山后落脚的地方。此前，弗吉尼亚殖民地的军官威廉·坎贝尔（William Campbell）也带来了大约400位弗吉尼亚民兵，在阿宾顿驻扎。这一队弗吉尼亚民兵曾经参加过对英国人的战斗，算是有经验的老兵，他们随后将在国王山战役中担当主力。

眼见陆续聚集的人越来越多，谢尔比和他的朋友约翰·塞维尔（John Sevier）便将民兵和翻山者们整合了起来，于9月25日一起去到了田纳西境内瓦淘加河的悬铃木浅滩。瓦淘加河只有在悬铃木浅滩附近，水流相对平静，便于渡河，是翻越蓝岭山的必经之路。在河边，撒母耳·道客（Samuel Doak）[1]为他们做了一段祷告。这是一段著名的祷告，因为与其说它是祷告，不如说是一段煽动性极强的战前动员演讲：

"乡民们，你们将要踏上一段艰难而危险的征程，但全能的神会一直伴随在你们身边。母国对我们殖民地上下其手，他们要抢走我们的荒野和祖先开拓的庄园，更要夺走我们的权利！他们强制征收税务，却不让我们的代表进入国会。他们安插士兵在我们周围，却不经过我们的同意。这些都证明英国的国王要从我们这里夺走我们仅剩的一点自由……敌人正在进军，要来摧毁我们的家园。勇敢的人们，你们对战斗并非毫无准备。神已经教会了你们的双手怎样战斗，教会了你们的手指怎样射击。你们已经

1　长老会的著名牧师，汉普顿悉尼学院讲师，华盛顿学院创始人，后来成为废奴先驱。

从野蛮人的手里夺下了这些美丽的山谷，难道你们愿意畏葸不前，等着敌人的枪和剑出现在你们的家门口吗？不，决不！前进吧，用尽你们的全力，去支援你们的朋友，去捍卫自由，去守护家园。正义的神会保佑你们，给你们带来胜利。"

祷告之后，士气大振的翻山者们踏上了征程。9月26日，他们进入了蓝岭山脉；29日，为了加快翻山越岭的速度，他们兵分两路，分别通过了赫夫纳隘口和吉尔福特隘口，在蓝岭山中的两个山坳里宿营；30日，两队人马纷纷冲出了蓝岭山，在山脚下一座名为"贵格会牧场（Quaker Meadows，今莫干顿）"的庄园会合。同时抵达贵格会牧场的还有一支由约瑟夫·温斯顿（Joseph Winston）率领的300多人的来自厄尔金的民兵，他们的到来让这支队伍的人数接近了900人，再度提升了翻山者的士气。庄园的主人麦道威尔（McDowell）叔侄二人也是革命派，他们让民兵住宿在自己的庄园内。

1895年拍摄的会议橡树，这棵树在1992年的一次雷暴中被闪电击中而烧毁

　　在庄园内的一棵橡树下，各支队伍的领头人外加麦道威尔叔侄在一起开了个会，讨论下一步计划。他们分析，此时的弗格森手下只有大约1 000名保皇党民兵，没有英军，其兵力和己方差不多，但战斗力不强。因此，这伙人做出决定：直接找弗格森决战。后来，这棵树被叫作"会议橡树（Council Oak）"。

　　第二天，合兵之后的民兵向南进发，沿途不断有新的民兵加入。此时，得知消息的弗格森已经感到了压力，因为他手下的保皇派民兵战斗力不强，兵力也不多。面对来势汹汹的革命派民兵，弗格森离开了他驻扎的吉尔伯特城（今卢特福顿），往夏洛特方向转移，想让自己和康沃利斯的主力部队离得近一些，能快些得到支援。然而他随后得知，康沃利斯无法为他提供支援——因为康沃利斯生病了。

　　自从占据了夏洛特之后，康沃利斯的主力部队就遇到了麻烦。南方湿热的天气里，蚊子大规模繁殖，在人员过度集中但卫生条件不佳的英国军队里，传播起了疟疾。到了7月，康沃利斯的部队已经病倒了一大片，基本丧失了作战能力，而到了9月底，康沃利斯自己也高烧不退，成天卧病在床，根本无暇顾及战局。

　　听说康沃利斯病了，弗格森转向南下，带着手下的保皇派民兵往九十六（Nighty-Six，南卡罗来纳小镇，因为距离最近的印第安人部落有96英里而得名）而去，以暂避革命派的锋芒。然而保皇派民兵中出了个叛徒，他逃走之后找到了革命派，把弗格森的动向都说了出来。于是革命派民兵便改道，抄近路去拦截弗格森。

　　10月7日，革命派民兵追上了弗格森。最初，弗格森发现队伍的侧后方出现了一队人马，不明就里，派副将前去查看。副将惊慌失措地向他报告，出现在侧后方的是一群"叫嚷着的民兵"。弗格森大惊——他刚改变了行军方向，没想到革命派会这么快追上来。他赶紧率队退向道路一侧的一座叫国王山的山丘，想居高临下地拒敌，再趁机从山丘背后脱离战斗撤离。然而革命派早有准备，他们中的精锐部队——那400位弗吉尼亚民兵——在坎贝尔、谢尔比和塞维尔的带领下发起了冲锋，对弗格森的后队穷追猛打。弗格森的部众慌不择路，全部都涌到了狭小的山丘上。在山丘附近，包括小麦道威尔和温斯顿在内的几位民兵军官指挥着革命派剩余民兵，早就以逸待劳地在等待弗格森。登上山丘的弗格森遇到了阻击，被堵在了狭长的国王山上，革命派的各个分队从不同方位直抵山丘脚下，把国王山围得水泄不通。

　　虽然占有一定的地形优势，但精疲力竭的保皇派还是打不过以逸待劳且同仇敌忾的革命派。经过63分钟的激战，保皇派民兵

国王山之战的油画（美国画家阿隆·查佩尔）

在革命派肯塔基长枪的射击下溃败。曾经差点在114米以外击毙华盛顿的弗格森，在国王山被一支肯塔基长枪从411米外击中身亡。这场胜利是北美人民在南方战场上取得的第一场直接重大的胜利，也逼迫着康沃利斯改变了战略部署，进而像多米诺骨牌一样，一步步走向失败。关于它的意义，原美国参议员吉姆·布罗伊希尔曾说过："如果没有国王山战役的胜利，就不会有之后的考彭斯战役；没有考彭斯战役的胜利，就不会有之后的吉尔福特战役；没有吉尔福特战役的胜利，就不会有之后的约克城战役；没有约克城战役的胜利，康沃利斯就不会向华盛顿投降。"美国国父托马斯·杰斐逊也说过，国王山之战导致了独立战争的形势逆转。

国王山战役之后，来自阿巴拉契亚山另一边的翻山者们一战成名，成为和新英格兰"一分钟民兵"[1]齐名的平民英雄。发挥了决定性作用的翻山之路，被后来的美国人誉为独立和自由的保障之路。带领革命派民兵们打赢这一仗的几位主要领袖，除了阵亡的本地领袖詹姆斯·威廉以及次年去世的坎贝尔之外，日后大多都继续为新建立的美国效力，帮助美国拱卫阿巴拉契亚山西侧的领土。比如麦道威尔叔侄都进入了参议院，温斯顿在北卡罗来纳任职（温斯顿-萨勒姆市名的前半部分便来自他），谢尔比成为肯

---

1 又作"分钟人"或"瞬结义勇兵"，指独立战争中，活跃在马萨诸塞一带的民兵，平时是农民，但当所在村庄的战斗警报响起时，他们能在很短时间内（甚至一分钟内）完成集结并投入战斗。

塔基的第一任州长，塞维尔成为田纳西的第一任州长。

翻山之路从此名垂青史，但因为它实在是太难通行，在此后的时间里它并没有成为交通要道，而是被人渐渐冷落了。20世纪70年代，在独立战争200周年纪念日到来之际，这条被冷落已久的历史小道重新被人唤醒。在当地政府及美国各界人士的呼吁下，几经周折之后，这条路于1980年，也就是国王山战役200周年的这一年，被国家公园署接管，成为受联邦政府保护的国家历史小径，开放了重走这条路的徒步路线，并设立了多个历史纪念区和展览馆，帮助人们纪念这段为了自由而斗争的历史。

星条旗之路：
美国国歌在这里诞生

1812年美英战争又被称作美国第二次独立战争。这场战争从1812年持续到1815年，充满了戏剧性。美国主动挑起了战争，且宣战前国会的表决十分顺利，但开战后不久便被英国打得落花流水；英军在战争里占尽了优势，却在欧洲战事结束、可以向北美派出更多军队的时候，答应和美国议和；议和期间，英军又突袭了新奥尔良，却被安德鲁·杰克逊击败；最终在比利时的根特和谈时，英军还威胁着美国首都华盛顿，却没有在条约里为难美国，而是"一切照旧"。这样匪夷所思的战争过程，让1812年战争成为阴谋论的重灾区。比如有学者怀疑，这场战争是美国建国初期曾闹得沸沸扬扬的汉密尔顿与杰斐逊银行之争的一个延续，它是美国某些政客和英美两国的银行家联手策动的，目的是让美国人被迫接受私人的中央银行，为后来美国第二银行的建立打下基础。

不过，这场战争并非让美国一无所获。丘吉尔在《二战回忆录》里，把关于战争中英国最艰难时期的一章命名为《最光荣的时刻》；同样，在第二次独立战争的切萨皮克战役中，美国也有这么一段时期，首都被占，总统出逃，可以说是美国建国以来最低谷之时，但就是在这种情况下，诞生了让所有美国人打心底为之骄傲的美国国歌《星条旗》。2008年，跟切萨皮克战役及《星条旗》的诞生息息相关的一系列小路被列为美国的国家步道，起名为星条旗国家历史步道（Star-Spangled Banner National Historic Trail，简称星条旗之路），以纪念这段最低落却又最高光的历史。

星条旗之路示意图

星条旗之路位于美国东部的切萨皮克湾一带，分为水上和陆上两部分。这些路径都是当年在切萨皮克作战中，英国人进攻或佯攻切萨皮克湾沿岸的城市和据点时的行军线路，以及美军进行反击时所走的路线。水上的路线都从海湾里的坦吉尔岛出发，主要分为三支：一支沿着海湾北上，抵达海湾最顶点的埃尔克顿；一支沿着波多马克河逆流而上，到达波多马克河能通航的最顶点，也就是首都华盛顿；一支沿着帕塔克森特河抵达华盛顿东部的门户上马尔博洛。陆上的星条旗之路主要有两段，一段沿着帕塔克森特河的两岸而行，另一条连接华盛顿和巴尔的摩，再延伸到巴尔的摩附近的北点要塞。

转移国内矛盾的第二次独立战争

要了解这条路的历史地位，就得从1812年战争说起。19世纪初，起草了独立宣言的美国国父杰斐逊担任总统的后期，国际国内的形势都向着对美国不利的方向发展。当时的欧洲，拿破仑带领法国东征西讨，欧洲各国先后被卷入了战争，其中当属和法国有世仇的英国人最积极。为了阻止拿破仑法国的扩张，英国与普鲁士、奥地利、俄国、瑞典、西西里等国，多次组成同盟来打击法国；法国也拉拢或胁迫了荷兰、那不勒斯和西班牙等国与英国开战，欧洲乱成一团。除了战场上的激战以外，经济战也在他们之间打响。为了扰乱对方的经济，切断对方的补给，双方同时对对方的海岸线进行了封锁。

欧洲的经济封锁和禁运，让美国很受伤。在欧洲刚开战的时候，杰斐逊宣布中立，美国人本以为能坐山观虎斗，最后还能捡捡便宜，甚至发一发战争财。最初的剧情确实如此，交战双方都向美国大规模购买物资，以补充自己的军需品，眼见大把大把的钞票从大洋对岸飞过来，美国的商人们都很开心，于是加紧生产，囤积了大量的货物。结果到了1806年，欧洲实行了贸易禁运。驶向英国的美国商船被法国拦截，驶向法国的商船被英国拦截，要把货物运到欧洲得担很高的风险，有时候会是整船整船的损失。于是，合法商人一批批地破产，能找到非法渠道运货的走私者们开始猖獗，美国经济陷入混乱。

1807年，杰斐逊下达命令，主动封锁了美国的海岸线。他这么做的初衷是好的，原因有二：一是减少美国人的人员和财产损失；二是向英法双方示威，你们要是再封锁海路，我们就不卖给你们任何东西了，看你们还怎么打仗。结果没想到的是，这个决定却在国内引起了风波。海路彻底不通了，商人们只能看着自己的囤货逐渐坏掉却无能为力，就连走私者们也撑不下去了。美国商界怨声载道，经济到了崩溃的边缘。

到了1809年，杰斐逊已经是焦头烂额，他的总统任期也走到了尽头。接替他的是另一位国父，起草了美国宪法的詹姆斯·麦迪逊。实际上，麦迪逊当选总统，不如说是当选背锅侠。此时的美国，经济摇摇欲坠，暴动时有发生。为了转移矛盾，麦迪逊向各部原住民发起了攻势。但原住民势力毕竟弱小，无法完全转移民众的注意力，而经济的崩溃则是实实在在影响着每一个人。麦迪逊需要一个更大的冲突，来转移这次危机，他想到了还在英国统治下的邻居——加拿大。

1812年6月，麦迪逊在国会进行了呼吁进攻英属加拿大的演讲。他提出对英国开战的理由有这么几点：第一，加拿大人和美国一样需要自由，我们应该去解放他们；第二，英国在暗中支持原住民，干涉美国的内政；第三，英国没有完全执行当年独立战争后的巴黎协约，阿巴拉契亚山以西的一些要塞还在英国人手里；第四，英国和法国交战，让美国商船受损，没有尊重美国中立国的利益；第五，英国扣押美国商船，强征船上的美国人加入英国海军。演讲之后，国会进行了表决，以多数票通过开战的决议，第二次独立战争就此爆发。

这时候，已经卸任的老总统杰斐逊也放出话来，他说美国人终将统一整个北美洲大陆，解放加拿大是不在话下的。美国人于是满怀信心，从五大湖地区及纽约北部向加拿大发动了进攻。实际上，美国向英国开战的这些理由大多都站不住脚，特别是说加拿大人和美国一样希望独立，更是纯粹的一厢情愿。和美国人不同，加拿大人大部分都支持和效忠英国的保皇派。独立战争时期，许多美国境内的保皇派，最终都逃到了加拿大境内，还有很多受到美国压迫的原住民，也逃到了加拿大。结果，美军对加拿大发动进攻之后，遭到了加拿大军民同心协力的抵抗，甚至被加拿大反击，丢掉了底特律。

陆上打不过，美国就改用海战。由于英军的主力舰队都在欧洲围困法国，在北美的海军并不强，因此美国在大西洋上取得了

一系列的胜利。这样一来，英国被激怒了。1813年，包括英国在
内的第六次反法同盟，在莱比锡战役击败了拿破仑，次年将他放
逐到了厄尔巴岛，欧洲战火暂时平息。1814年，英国把海军的主
力舰队调到了北美，决定好好教训美国一顿。位于美国东海岸的
切萨皮克湾首当其冲地受到了英国的进攻，切萨皮克作战就这样
开始了。

火烧华盛顿

　　切萨皮克作战是巴尔的摩战役的一部分，这场战役由驻扎在
百慕大的英国皇家海军上将亚历山大·科克莱恩（Alexander
Cochrane）担任总指挥。切萨皮克湾是美国东部最大的海湾，
它形状狭长，在马里兰州和弗吉尼亚州之间，深入大陆达300千
米，沿岸港汊与河道众多，波多马克河及萨斯奎哈纳河都流入此

湾，岸边有巴尔的摩和诺福克等重要良港，以及美国首都华盛顿。控制了切萨皮克湾，就等于控制了美国的命脉。科克莱恩派手下将领乔治·考克本（George Cockburn），率主力舰队封锁了切萨皮克湾，而少校罗伯特·罗斯（Robert Ross）则率领陆军在岸上策应。

此时，美军的主力都陷在了美加边境，陆军在底特律以及尚普兰湖对抗反击的加拿大人，而海军在伊利湖里奋战。保卫切萨皮克湾以及首都华盛顿的，是来自马里兰和弗吉尼亚的四个民兵团。虽然美国民兵以作战勇猛著称，但在武器装备及战术计划的制订方面毕竟赶不上正规军。面对这群民兵，科克莱恩和考克本执行了一个新计划，他们要以最小的损失让美国付出最沉痛的代价，这个计划就是切萨皮克作战。

首先，英军占领了切萨皮克湾中的坦吉尔岛，把那里变成了英国皇家海军的前线基地。4月底，考克本率英军舰队沿着海湾北上，一直到了海湾尽头的埃尔克顿。一路上英军用炮火袭击了沿岸的诸多要塞和据点，还在其中的一些据点做出了要登陆的架势。美国民兵迅速集结，长途奔袭支援埃尔克顿，在法国城被以逸待劳的英军击败，之后法国城被英国人焚毁。5月初，考克本在海湾北端四处出击，两三天之内便连续袭击了迪波塞港、格莱斯港、普林西比奥、弗雷德里克城和乔治城等多个港口。在英军重炮的轰击下，美国民兵损失惨重，很快就从前线溃退，这一仗之后，守卫马里兰的民兵实力大为削弱。

8月，英军发起了一次更大的进攻。考克本亲率六艘军舰，

切萨皮克湾战役与巴尔的摩之战形势图

驶入了帕塔克森特河。这是一条不宽也不长的小河，照理来说不适合海军作战，但这条河的上游通向上马尔博洛（Upper Marlboro），那是美国首都华盛顿东侧的重要屏障，地理位置的重要性不言而喻。果然，负责防卫华盛顿的民兵团向上马尔博洛集结，准备在那里阻击考克本。当民兵们排开阵势守卫上马尔博洛的时候，在岸上策应考克本的罗斯，率大约4 500名英国陆军士兵扑向了防卫空虚的华盛顿，民兵们闻讯又迅速向华盛顿收缩，这一来一去的折返跑让他们精疲力竭。

在华盛顿东北角的布莱登斯堡，由马里兰的一位律师率领的6 000位民兵带着18门土炮，为了保卫首都做了最后的抵抗。这些民兵发扬了独立战争的前辈们英勇奋战的光荣传统，杀死或打伤了200多名英国兵，然而他们的18门土炮远远敌不过罗斯带来的重炮以及60门康格里夫火箭炮，布莱登斯堡的民兵防线就此崩溃，英军在罗斯的率领下挺进华盛顿，美国历史上唯一的一次首都失陷就这样发生了。

在首都失陷之前，麦迪逊总统匆忙撤离了总统府，往北逃到了马里兰的小镇布鲁克维尔，在那里过了一夜，因此布鲁克维尔自称"美国的一日之都"。同时，国务卿门罗（后来的门罗总统）带着国会的重要文件，逃到了华盛顿以西的小镇李斯堡，住进了洛克比庄园（Rokeby Manor）。8月24日，英军占领华盛顿后，为了报复美军在伊利湖北岸加拿大港口的洗劫，纵火烧毁了包括国会山庄和总统府邸在内的多座建筑，这座营建不久的首都陷入火海。这一天被认为是美国军事史上最黑暗的一天。

如果英国一直占据着华盛顿，那么美国历史将何去何从尚未可知。然而，天有不测风云，就在英国人点燃总统府耀武扬威的那天晚上，一场大风暴袭击了切萨皮克湾，华盛顿刮起了罕见的龙卷风。龙卷风不仅吹灭了大火，还摧毁了英军的军营和大炮。第二天，在占领华盛顿26小时后，担心发生变故的罗斯和考克本决定撤军，返回了切萨皮克湾上的坦吉尔岛。这场风暴被称为"拯救了美国的风暴"。出逃的麦迪逊总统和各个政府机构也随后返回了华盛顿。由于华盛顿的政府建筑都被烧毁，政府暂时转移到乔治城学院（今乔治城大学）的校园里办公。看到已毁的城市，有人建议把首都迁回费城，但这个提案最终被麦迪逊否决，华盛顿就地重建，老总统杰斐逊也捐出了自己的藏书，变卖之后帮助重建首都。烧焦的总统府结构并没有被破坏，经过休整之后，麦迪逊让人将其表面涂成了白色，以掩饰被火烧过的痕迹，这便是白宫的由来。

麦亨利堡上空的星条旗

返回坦吉尔岛的考克本酝酿着新的计划：占领巴尔的摩。巴尔的摩是切萨皮克湾中北部的一座良港，也是马里兰州最大的城市，位于华盛顿和费城之间，是联系大西洋和美国中西部的交通枢纽，也是美国的商贸大本营，关系着美国的经济。如果说占领首都华盛顿更多的是政治上的象征意义，那么占领巴尔的摩，不仅可以切断华盛顿和费城以及供应弹药的中西部地区之间的联系，还能进一步扼制美国的经济和交通，让美国陷入瘫痪。

9月5日，考克本派出舰队，沿着波多马克河逆流而上，前锋直抵华盛顿南部的亚历山大里亚，做出了要从南线再度攻占华盛顿的态势。马里兰和弗吉尼亚的民兵迅速布防，以防首都又一次沦陷。然而，这只是英军的佯攻，与此同时，考克本的主力部队沿着海湾北上，出现在了距离巴尔的摩11英里（约18千米）的北点要塞。英军差点又一次打了美国民兵一个措手不及，但巴尔的摩并非毫无准备。在华盛顿失陷之后，巴尔的摩便布置了城防，市内的各界人士，包括地位低下的黑人，都参与了工事的建造。

在北点要塞附近，2 000名民兵殊死抵抗，虽然最终在英军猛烈的炮火下撤出了阵地，但他们击毙了试图率陆军登陆的罗斯——那个半个月前带队攻入华盛顿的英军指挥官。9月12日，英军从北点出发，兵分两路，其中陆军5 000人，海军19艘军舰，分头向巴尔的摩前进。美国上校乔治·阿米斯蒂德（George Armistead）带领1 000民兵进驻了巴尔的摩南郊的麦亨利堡（Fort

巴尔的摩是当时美国的水陆交通枢纽

McHenry），那里是守卫巴尔的摩的最后一道要塞。抵达麦亨利堡之后，英军的19艘军舰舰炮齐鸣，向麦亨利堡发动了轮番炮击。英军希望用无间断的炮轰，逼迫镇守要塞的阿米斯蒂德投降。

9月13日，一个美国人来到了英国海军的明登号战舰上。这个人叫弗朗西斯·斯科特·基（Francis Scott Key），是华盛顿的一位律师，麦迪逊总统授权他到明登号上找英国人谈判，交换战俘。原来不久前，英军俘虏了美军的军医威廉·比恩斯。这位比恩斯在美国民兵里威望颇高，当年在打响独立战争第一枪的列克星敦战场，负责救助伤员的就是他，再加上他的父亲在马里兰州是有钱有势的土豪，因此他几乎算是一个偶像和象征级的人物，他的被俘导致民兵士气低落。麦迪逊总统让比恩斯的朋友弗朗西斯前往敌营，希望通过谈判，换回包括比恩斯在内的一批战俘。

傍晚，弗朗西斯打出了白旗，登上了明登号，向英军军官说明了来意。可是英军军官却冷冷地反问他："你没看到我们英国人很忙吗？我们正在进攻巴尔的摩，明天要俘虏更多的美国人，你

的事儿等我们打下巴尔的摩再说吧。"弗朗西斯表示自己是总统授权来谈判的，英国军官指了指船舱外面："总统？你们只是殖民地而已。你看到那座麦亨利堡了吗，我们要把它从地球上抹去。你看到远处海面上的那几百个小黑点吗？每一个小黑点，都是一艘我们英国的军舰。麦亨利堡会被炸平，战争很快就会结束，到时候我们会把俘虏还给你们殖民地的。"

弗朗西斯连忙说，麦亨利堡并不是纯军事堡垒，里面还有许多妇女和儿童，不能进行无差别的炮轰。英国军官告诉他："我们已经给他们留出了足够多的机会。你看到碉堡上那面星条旗了吗，我们下过通牒，如果他们想活命，就降下那面旗，可是这面旗帜至今还在那里，看来我们只能用大炮将它打下来了。"

当晚，英军继续炮轰麦亨利堡，更多的军舰加入进来，弗朗西斯则在距离海岸8英里（约13千米）处的明登号上过夜。炮声响了一整夜，弗朗西斯彻夜未眠。根据他的回忆，那一夜漫天纷飞的炮火将天际染成了红色，他认为没有人能扛得住如此密集的炮火轰击，麦亨利堡和巴尔的摩肯定会在黎明前失陷。当9月14日的第一抹阳光洒向大地之时，炮声停止了，弗朗西斯向麦亨利堡方向望去，在逐渐散开的硝烟里，那面星条旗仍然迎风飘扬在阵地之上。弗朗西斯顿时热泪盈眶，他摸出了麦迪逊总统写给英军的信，在信纸的背面写下了《保卫麦亨利堡》这首诗：

"哦，你可曾看见，阳光透过晨曦，

是什么让我们骄傲地在破晓前欢庆？

谁的宽条和明星在激战中坚挺，

我们眼前的碉堡上，飘扬着无畏的国旗。

炮火红光刺眼，炸药响彻天际，

它们都见证着我们的旗帜依然屹立。

你看，那星条旗是否还在飞舞，

在这自由的土地，在这勇士的故里？"

国歌的诞生

英军对麦亨利堡的炮轰持续了27个小时，但守卫要塞的阿米斯蒂德始终没有投降。9月15日，英军的陆上部队绕到侧方，向巴尔的摩市区发起进攻，同样遭到了顽强的抵抗。市民们构建的工事让英军无法前行。这时，海军围着麦亨利堡久攻不下的消息传来，附近城市派的援军也逐步逼近，本来就因为主帅罗斯阵亡而军心不安的陆军选择了撤退。海军失去了陆上的呼应，也原路

美英签订《根特和约》，美国代表（左数第五人）是昆西·亚当斯，为美国第二任总统约翰·亚当斯之子，后来成为美国第六任总统

路上的美国史

现在的麦亨利堡遗址及
背后的巴尔的摩

撤退了，撤退之前他们让弗朗西斯带走了所有的俘虏。
巴尔的摩战役就此结束，美国民兵在首都失陷后不久，
便漂亮地扳回了一城。

　　巴尔的摩虽然守住了，但从整个战争的局面看，
英国仍然占有绝对优势。同时，拿破仑在厄尔巴岛上
又开始不安分了，欧洲的局势骤然紧张起来。于是在
1814年12月，美国和英国在比利时的根特进行了和谈，签署了结
束战争的条约。然而，《根特合约》签订的消息并没有立即传到
北美。在巴尔的摩一役中铩羽而归的考克本以及他的上司科克莱
恩决定再玩一次大的，发动了新奥尔良战役，意图控制密西西比
河。没想到，在新奥尔良，他们遇到了猛将安德鲁·杰克逊（后
来的杰克逊总统），大败而归。1815年2月，《根特合约》传回了美

国，双方停战。一个月后，拿破仑重回巴黎复辟登基，英军赶紧从北美抽身，回欧洲对付这个难缠的矮个子法国人去了，由此彻底解除了对美国的威胁。

切萨皮克湾的战事，让美国意识到了民兵的不足。这些民兵虽然爱国、勇敢，但在战术意识和军事素质上，差正规军太远。从此以后，民兵在美国的军事作用逐渐淡化，美国开始大规模发展正规军，并扶持资助各地的军校来培养军事人才。战后，第二国家银行的设立也帮助恢复了美国的经济秩序，美国终于回到了正轨上。弗朗西斯把自己写的那首诗交给了当地报纸《美国商业日报》（《巴尔的摩—新闻美国》的前身）的主编，被刊登在了报纸上。不久后，一位音乐家把这首诗配到了当时很流行的一段音乐上，并命名为《星条旗之歌》，这首歌在后来的美墨战争中得到广泛的传唱，深受美国人的喜爱。1931年，美国正式将这首歌定为国歌。

为了纪念最黑暗的首都失陷日和光荣的麦亨利堡之战，以及美国国歌的诞生，美国人把切萨皮克作战中英军和美国民兵们所使用的一系列道路保留了下来，作为这段历史的见证，并命名为星条旗之路。这些路主体在水上，也有一部分在陆地上，加起来总共有400多千米，跨越了马里兰和弗吉尼亚两个州，以及哥伦比亚特区。麦亨利堡等关键战役的古战场也都得以保留。2008年，它正式被国家公园署接管，成为美国仅有的两条水上国家步道之一。

眼泪之路：
原住民的悲歌

　　如果要评选美国历史上最黑暗的时代，那么19世纪30年代的安德鲁·杰克逊总统执政时期肯定能排得上号。杰克逊出身贫寒，早年从军，在第二次独立战争中一举成名，并于1829年被选为美国第七任总统。在他当政期间，虽然有维护联邦统一、提高总统职权等政绩，但也有许多被后世所诟病的恶政，比如让政府内贪污横行，拉帮结派，腐朽不堪的分赃制度；比如他对中央银行的抵制，最终让中央银行垮台，使美国的经济陷入倒退。在他执政期间，最不堪回首的要数1830年推出的《印第安人清除法案》，这一纸条文让生活在美国境内的各个部族的印第安人面临灭顶之灾，导致了原住民流离失所、背井离乡，甚至断绝了文化传承。其中，切诺基等分布在东部的民族首当其冲地受到驱逐条例的影响，他们走出的眼泪之路是对这段历史杜鹃啼血般的见证。

　　所谓的"眼泪之路"（Trail or Tears，又作血泪之路），就是在1830年之后，受到美军依法驱逐的东部原住民向西部的印第安领地（Indian Territory）保留区迁移的过程中所走的路线。狭义的眼泪之路特指切诺基人的迁移路线，这条路从今田纳西州一带的切诺基人故乡出发，越过田纳西河、俄亥俄河以及密西西比河，进入密苏里、阿肯色一带的平原，最终通往主体位于今俄克拉何马州境内的印第安领地。而广义的眼泪之路则包括了许多其他民族迁徙的路径，包括陆路和水路等不同的途径。

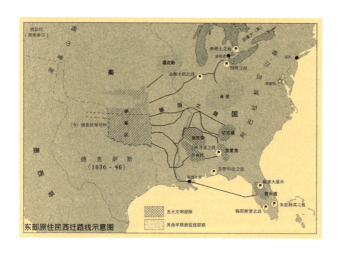

东部原住民西迁路线示意图

肖尼人的诅咒

在欧洲人到达北美洲之前，北美大陆上生活着上千个原住民部族，其中在东海岸有阿布纳基、佩科特、莫西干、易洛魁、波华坦、萨斯奎哈纳、勒纳普等上百个不同的部族。当欧洲人登陆以后，这些原住民的平静生活便一去不返了。由于地理的隔绝，原住民对欧洲人以及非洲黑奴所带来的病毒毫无抵抗力，在与欧洲人接触之后，病毒在原住民里大肆传播，他们的人口数量迅速减少，一些部族甚至十不存一。幸存下来的原住民又被卷入战火之中。从菲利普王战争到安妮女王战争，从英国与荷兰的纷争到英法七年战争，原住民要么直接面对欧洲人的枪炮，要么成为欧洲大国之间战争的炮灰。

比起广阔而荒芜的西部平原和山地，交通发达、发展迅速的东海岸地区的原住民受到的冲击更大。比如佩科特人因为和荷兰人交好，在1636年被意图抢占荷属地区的英国人击溃，几乎灭族；擅长讲故事、留下了诸多神话传说的勒纳普人，为了逃避七年战争及独立战争的战火而远走他乡，最终辗转到了俄克拉何马；曾经组成了强大联盟的易洛魁人，在美国独立战争中陷入了内乱，其六个大部中，四个支持英国，两个支持北美大陆军，美国独立后，支持英国的四部被各个击破，地盘被纽约和宾夕法尼亚瓜分，而支持大陆军的两部也未获重视，逐渐在移民潮中被冲散，最终被历史吞没。到了19世纪初，东部的上百个部族里，值得一提的，只剩下分布在阿巴拉契亚山西侧及俄亥俄河谷地区的肖尼人，以及以切诺基人为代表的思想比较开放的南方五部。

被全世界称道了两百年的美国《独立宣言》里，有句很有名的"人人生而平等"，但当时美国国父们所指的"人"是有局限性的，妇女和黑奴不在其中，原住民当然也被排除在外。美国建国之后，其国土内的各部印第安人，大多数都没有被当作美国公民。虽然杰克逊总统签署驱逐条令是在1830年，但由于印第安人常常占据着肥沃的土地和重要的交通线路，美国军队对东部印第安人的驱逐早在其建国之初就开始了。

第一个被美军开刀的部族是肖尼人。肖尼人是密西西比河以东各民族里最善战的一个，他们的活动范围在阿巴拉契亚山的腹地，以及山西侧的河谷低地和密林里，崎岖的地形和茂密的丛林是他们最佳的掩护。曾经的英国人从来没在肖尼人身上捞到多少便宜，而美国人对肖尼人的作战也打得十分艰苦。1794年，肖尼人与五大湖地区的怀安多特人、齐佩瓦人、迈阿密人、休伦人等部族组成了西北联盟，并联合了加拿大的英国人，一起对抗美国人的进剿。虽然在倒树之战后败给了美军，但肖尼人的势力范围并没有太大的损失，从那以后，他们返回了自己的主场，继续和

倒树之战

美国人周旋。

　　在19世纪初的麦迪逊总统时代，美国处于困境之中。欧洲由拿破仑挑起的战火阻断了大西洋上的商路，美国经济处于崩溃边缘，起义暴乱时有发生。与此同时，政府高层的党派之争以及南北方之间的制度和利益之争也愈演愈烈。在这样的情况下，原住民和美国人的冲突就成了美国转移矛盾的借口。1810年前后，美军再次对肖尼人展开进剿。阿巴拉契亚山上纵横交错的小径为肖尼人提供了最好的主场掩护，也让美国人多次陷入伏击圈。此时肖尼人的领袖叫蒂卡姆西（Tecumseh），在他的号召下，周围各部族纷纷前来支援肖尼人，共同守卫自己的土地，组成了"蒂卡姆西联盟"（Tecumseh's Confederacy，又译特科抹人联盟）。在蒂卡姆西的领导下，这个联盟作战十分生猛。

迪佩卡奴之战

　　但蒂卡姆西再骁勇，也扭转不了历史的潮流。在美军的重兵压境下，蒂卡姆西不得不率众撤到了五大湖和中西部地区，到达了印第安纳领地（今印第安纳州）境内。印第安纳领地官员威廉·哈里森率领美军进剿。1811年，哈里森和肖尼人于迪佩卡奴（Tippecanoe）交战，肖尼人战败，其重要据点先知镇被哈里森击破。

　　1812年，内外交困的美国为了进一步转移矛盾，进攻了英属加拿大，美英之间再度开战。蒂卡姆西立刻和英军结盟，共同对抗美军。然而，深居内地的肖尼人基本得不到英国人的支援，在美军的围攻下，他们不得不继续往北转移，一直走到了加拿大境内。哈里森等部的美军尾随着肖尼人，进入了加拿大，来到了伊利湖北岸马拉维安附近的泰晤士。蒂卡姆西率众做了顽强的抵抗，在与哈里森对垒时不幸阵亡。

　　蒂卡姆西成了各部印第安人的英雄，关于他身后的传说从此层出不穷。比如民间盛传，蒂卡姆西死前，对击败自己部族的哈里森耿耿于怀，并对其施以诅咒。后来，哈里森当上了美国总统，却在就职仅仅一个月之后染病去世，成了美国历史上在职时间最短的总统。又有传言说，蒂卡姆西立下毒咒：自己死后，每一位在尾数是零的年份胜选的美国总统都将在任期内死去。这便是美国历史上曾连续一百多年挥之不去的特科抹人诅咒：一连七位在尾数是零的年份胜选的总统在任期内死亡，包括哈里森（1840年胜选，就任一月后病故）、林肯（1860年胜选，任期内遇刺）、加菲尔德（1880年胜选，就任半年后遇刺）、麦金利（1900年获连任，任期内遇刺）、哈定（1920年胜选，任期内病故）、小罗斯福（1940年连任，任期内病故）和肯尼迪（1960年胜选，任期内遇刺），直到1980年胜选的里根总统在遇刺之后生还，似乎才打破了这个"诅咒"。

不管蒂卡姆西是否真的立下过这些诅咒，这种传说能迅速流传开来，体现了当时的原住民对蒂卡姆西这位英勇领袖的怀念与感激，以及对美国的仇恨。然而，肖尼人此时败局已定，他们的余部向西退却，在密苏里河沿岸继续抵抗美军，最后彻底失败，于19世纪60年代被迁到了俄克拉何马。

五大文明部族

肖尼人失败了，南方五部便出现在了美国人的清洗名单中。南方五部包括切诺基、乔克托、奇克索、克里克和塞米诺五个部族，他们都生活在美国传统上的南方，也就是今天美国的东南地区，从密西西比河一直到佛罗里达半岛的这一区域。这五个部落有个共同点：思想开放，欧化程度很高。历史上，他们是最早一批和欧洲人接触的原住民，而且是同时和英国、法国、西班牙三大殖民势力的接触，因为这一区域正好是这三股势力的交汇区。其中的乔克托人甚至分成了东、西、南三个大部，分别和英国、法国和西班牙结为盟友。

在和欧洲人的长期交流和贸易中，这五个民族逐渐接受了欧洲人的宗教、科学和艺术，甚至有的部落还接受了欧洲人的生活生产方式，文明程度相当高，因此被称为"五大文明部族"。比如，乔克托人发明了一种类似曲棍球的体育项目，被公认为世界上最早的球类运动之一；切诺基人发展出了一套比较完善的药学体系，可以治疗许多简单常见的病症；奇克索人钟爱艺术，能歌善舞，且很早就接受了英国人的宗教信仰；克里克人为了迎合欧洲文明，内部主动发起过变革；塞米诺人在人权问题上甚至比当时的白人更先进，他们主动收留从种植园里逃出来的黑奴，不仅为他们提供庇护，还和他们通婚，形成了黑赛米诺这一分支。

由于高度的欧化，这五个民族中的切诺基人成了少数被建国初期的美国认可为公民的原住民部族。然而，开放的思想和公民的身份并没有成为这五个部族的保护伞。和肖尼人等其他部族一样，他们也没能逃过被美国人围剿清除的厄运。

这五个部族里，第一个惹祸上身的是克里克人。1811年3月25日，一颗硕大且闪亮的彗星出现在南船座方向的天空，被法国的天文学家最先观测到。随后，这颗彗星越来越大、越来越亮，地球上越来越多的人都能在夜晚目睹这一奇观，它甚至在半个世纪后被托尔斯泰写进了《战争与和平》里。克里克人也看到了这颗彗星。接受了欧洲科学洗礼的大部分克里克人，相信这是一种天文现象，但仍然有一些迷信的顽固派认为这颗彗星是不祥的征兆。这些人声称，这颗彗星的出现，是因为克里克人的全盘欧化触怒了祖先的神灵。在他们的唆使下，一部分克里克人发起了反对美国、反对欧洲文明的暴动，而开明派的克里克人则坚决不向顽固派妥协，于是克里克内战爆发了。

彗星是不祥的预兆，虽然是迷信，但这一次还似乎真的被言中了。就在彗星从夜空中彻底消失之后不久，世界上便爆发了两场大战：拿破仑东征俄国，以及1812年美英战争。于是，克里克内战很快就演变为1812年美英战争的一部分，开明派（下克里克人）和顽固派（红签克里克人）分别声称和美国与英国结盟，展开了残酷的厮杀。到了1814年，欧洲的拿破仑战争告一段落，腾出手的英国人对北美派出了重兵。陷入危机的美国决定先安内再攘外，于是在3月底，时任将军的安德鲁·杰克逊对反对美国扩张的顽固派发动了总攻，于马蹄河湾（今亚拉巴马州东部）几乎全歼了顽固派克里克人的部队，一举平息了克里克内战。此战之后，杰克逊也不管是敌是友，把顽固派和开明派的大片土地都统统占领。从此以后，原本势力范围遍及佐治亚和亚拉巴马两个州的克里克人，只剩下查特胡奇河西岸的小片土地。

继克里克人之后，下一个遭殃的是塞米诺人。19世纪初，佛罗里达半岛还是西班牙人的地盘，但西班牙的国力已经大为削弱，当地真正的主人是塞米诺人。自从18世纪初以来，塞米诺人从克里克部分化出来之后，就世代经营着这个温暖湿润的半岛，在那里留下了不可磨灭的文化印记，如今的佛罗里达州立大学还以塞米诺人为图腾。1816年，美英战争结束后不久，安德鲁·杰克逊将军就把手伸向了他觊觎已久的佛罗里达半岛。但是，刚经历一场大战的美国并不想立即又和西班牙人发生大规模战争，于是在进军佛罗里达的时候，他们打出的旗号是征讨在美英战争中支持英国的塞米诺人。

此时的西班牙帝国早已不复当年之勇，眼见美国人入侵自己的地盘，却只派出了少量的军队和美军比划。这样，保卫佛罗里达的重任便由塞米诺人承担，这场战争也被称为第一次塞米诺战争。塞米诺人毕竟不是美军的对手。到了1819年，佛罗里达全境都被美军占领，第一次塞米诺战争结束，落魄的西班牙人彻底放弃了佛罗里达，而塞米诺人则元气大伤。如愿以偿地拿下了佛罗里达半岛后，美国意识到，塞米诺人竟然敢替西班牙人出头，日后或许会成为心腹之患，于是在之后的时间里，对塞米诺人不断地进行打压。

杰克逊总统的法案

1829年，战斗英雄安德鲁·杰克逊入主白宫。这位民主党的创始人，在大闹中央银行的同时，于1830年签署了《印第安人清除法案》，从此，美军便开始依法清洗原住民各部族。实际上，这条法案并非直接允许美军去进攻原住民。这里所谓的清除（Removal），实际上是允许政府和原住民各部进行土地交换的谈判，用西部的一些土地来换取东部原住民部落所占有的土地。

这条法案实际上针对的是南方的五个部族。杰克逊签署此法案，除了他早年和原住民打过很多仗，心里可能存有偏见以外，更重要的原因是获取美国南方人的支持，以维护美国联邦。当时美国南方各州的人口数量暴涨，而南方的种植园经济又对土地有着大量的需求。南方的五个原住民部族，占据了大量的优质土地，甚至占有一些金矿，这让南方的美国人非常眼红。这条法案一通过，南方人纷纷表示支持，因为那些被原住民占据的土地，很快就可以落到自己的手上了。当时，美国南北方的矛盾已经开始激化，1820年密苏里妥协案表面上稳定了南北局势，实际上却加剧了南北方之间在经济和社会上的对立。所以，杰克逊在这个时候通过的《印第安人清除法案》，对美国来说，确实有避免（至少是延缓）国家分裂的意义。

然而这项法案却让原住民成了牺牲品。法案里名义上说是进行自由平等的土地谈判，执行的时候实则是各地政府纷纷对原住民施压，用各种手段逼迫他们离开世代生活的故乡，迁往远方的那些陌生而贫瘠的土地，如有抵抗，美军将随后跟进，进行强制驱逐。

杰克逊总统及其继任者范布伦总统将该法案执行得相当彻底。在他们执政期间，南方五大文明部族超过12万原住民被送进了印第安领地。乔克托人是第一个西迁的部族。该部于1830年法案推行不久之后，决定武装保卫自己的家园，却被美军轻松击败。在政府和美军的双重施压下，他们率先走上了西迁的路。由于是在战败之后匆忙西行，他们没有带足过冬的衣物和食物。政府在沿途扮演的角色只是驱赶，没有为他们提供必需的用品和哪怕最基本的援助，结果，几千名乔克托人倒在了沿途。

接下来轮到塞米诺人，他们也不愿意妥协，于是第二次塞米诺战争于1835年爆发，美军深入佛罗里达半岛，历经数年，终于击败了塞米诺人的抵抗力量，俘获了大批塞米诺人，将他们通过水路押送到了密西西比河以西的地区。少部分塞米诺人留在了佛罗里达半岛南部的大沼泽一带，后来在1855年和美军展开了第三次塞米诺战争，最终在美国陆军和海军的围剿下失败。

作为美国公民的切诺基人也难逃这项清除法案。切诺基人中的精英们，知道自己的实力完全无法抗衡美国，强行抵抗只有死路一条，因此他们希望和美国人进行谈判，用500万美元的价钱，把他们在密西西比河以东的土地交换掉。然而这一举动却遭到了人数众多的切诺基平民的反对。这些切诺基平民无法接受出售自己的故土，于是发起了联名抗议。从此，切诺基人陷入内乱。1838年，范布伦总统派出军队，对迟迟没有西迁的切诺基人发起了清剿。最终在美军的驱逐下，切诺基人被迫西迁。和乔克托人一样，匆忙西迁的切诺基人，在上千千米的旅途中，因为饥饿、

西迁路上的切诺基人

寒冷和疾病而不断倒下，至少有5 000人死于沿途。

　　奇克索和克里克两个部族也随后陆续西迁，听说其他部族的惨状之后，这两个部族没有抵抗，并且做了充分的准备，因此西迁比较顺利。在路过亚拉巴马的时候，一位酋长接受了当地一家报社的采访。这位酋长对报社倾诉说，这向西的道路，是一条带着眼泪和死亡的路。当这篇报道发表之后，眼泪之路这个说法便诞生了，并被后世的历史学者们沿用，来描述东部各原住民部族西迁时所走过的道路，甚至也被用来描述《印第安人清除法案》被执行的这一历史时期。

　　到达印第安领地之后，各个民族重新建立了自己的家园，开始经营他乡。美国政府答应过他们，在印第安领地里的土地会受到尊重和保护。然而事与愿违，随着西进运动的发展，印第安领

阿肯色境内的眼泪之路遗迹

地也受到了美国移民的冲击，更有甚者，领地中的许多区域再后来发现了金矿或石油。结果是，美国人再一次对印第安领地里的原住民发动了驱逐，把他们赶进了一个个更小的、更分散的保留区中。这样的情况直到第二次世界大战以后才得以改善，因为第二次世界大战期间，纳瓦霍和奇克索等民族运用自己的语言，在太平洋战场上担任通讯员，让日本人无法破译美军的情报。第二次世界大战之后，美国人终于意识到历史上对原住民的种种待遇是不公平的，于是才逐步改善了原住民的地位。此后，一些思想开放的原住民开始走出保留区，融入各行各业，但更多的原住民还是选择留在保留区内过自己的生活。

如今，切诺基等原住民部族走过的眼泪之路，被美国政府定为有重大历史意义的遗迹，纳入了国家历史小径名录，受到联邦政府的保护，归国家公园署管辖。这条路是原住民不愿回忆的往事，因为这条路见证了他们永远地失去故乡的历史，见证了至少1.5万名部众于沿途的死亡；这条路也是美国这段黑历史所留下的伤疤，它时刻提醒着以民主和自由为立国之本的美国不要重蹈覆辙。

美国的一道门

在多数人眼里，坎伯兰隘口（Cumberland Gap）似乎是个低调的地名。谈到美国历史的时候，人们总是会想到诸如詹姆斯敦、列克星敦、费城、波士顿等地名，而对坎伯兰隘口和经过它的那条"田纳西荒野之路"，大多数人似乎没听说过。然而，坎伯兰隘口对美国历史的影响完全不亚于上述任何地点。甚至可以说，美国能有如今这样的实力和影响力，和坎伯兰隘口的存在是分不开的。

坎伯兰隘口及荒野之路示意图

自然的开凿

打开北美的地形图，你就会发现，阿巴拉契亚山大致是由北往南，从加拿大东部一直延伸到美国南部的佐治亚、亚拉巴马一带，几乎和大西洋海岸平行。这样一来，大西洋沿岸分布的平原就和广袤的中部大平原隔开了。虽然阿巴拉契亚山和很多别的大型山脉比起来，海拔落差并不算大，但它是一座褶皱山，地质史上前后经历了三次造山运动和长时间的侵蚀，形成了相互平行的很多组小山脉，地形十分复杂。

如果说最东侧的皮埃蒙特丘陵和蓝岭山脉尚可借着一些山口勉强通过，让人们可以抵达阿巴拉契亚山中央的大山谷（Great Valley），那么大山谷以西的平行岭谷区和阿勒格尼高原则是十分难行了，那里地势起伏大，山间丛林茂密，河流湍急，最初还有不少印第安人的部落，因此，早期的英国殖民者想直接穿过山去，可以说困难重重。在殖民时代，阿巴拉契亚山就成了一道天然屏障，阻挡了大西洋沿岸的英国殖民地向西扩张。

17世纪，虽然南方的烟草种植业和新英格兰的手工业、渔业和造船业养活了北美的英国殖民者，但还是有人不满足。有的英国殖民者希望继续向西，到阿巴拉契亚山的另一边去。去干什么呢？打猎。北美洲生活着一种动物——海狸。用海狸毛皮制成的衣服，在欧洲上流社会很受欢迎。它们所带来的经济效益，比所谓的"钞票作物"烟草的效益更高。想要打到更多的海狸，就必须要往西边去，而向西去，就要翻过阿巴拉契亚山。这样，阿巴拉契亚山就成为猎人和财富之间的一道最大的障碍。

　　所幸的是，大自然在铸造阿巴拉契亚山的时候，留出了一道大致东西走向的缺口。它就是坎伯兰隘口。在大约3.3亿年前，地壳运动在大山谷以西的坎伯兰山上压出了一条巨大的逆向断层，把原本位于地下深处的质地比较松软的岩石带到了地表。于是在各种侵蚀作用下，松散岩石被剥落，一条裂缝在坎伯兰山上逐渐生长。大约3亿年前，一颗大约有三个篮球场那么大的陨石撞向了地球，正好击中了这个裂缝。巨大的冲击力把这片原本就比较脆弱的岩石彻底击碎。从此，一个深200多米，长3000多米的隘口就形成了。它把这一段的山体拦腰截断，连通了大山谷和阿巴拉契亚山以西的低地。从此，东海岸和中部大平原之间，便有了一道互相连接的通道。

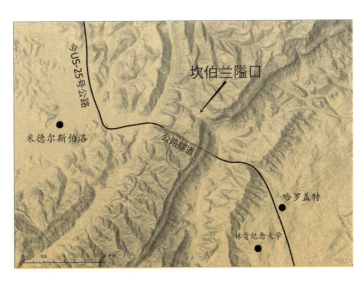

坎伯兰隘口地形图

实际上，阿巴拉契亚山中的险要隘口并不少，比如特拉华河峡谷、大莫卡辛隘口和斯库基里山口等。但是，这些隘口要么在大山谷以东，只切开阿巴拉契亚山的一部分，要么有河流险滩或沼泽地阻隔，都不足以形成一条通往西部世界的便捷通道。只有坎伯兰隘口，在大山谷以西、阿勒格尼高原以南、最薄弱的坎伯兰山上将其完全切断，且隘口中没有河流，人可以比较轻松地通行。

切诺基和肖尼等印第安人部族很早就把坎伯兰隘口当作自己的交通要道。英国的猎人们也在17世纪发现了它。1670年，坎伯兰隘口第一次被做海狸毛皮生意的商人发现。18世纪中期，弗吉尼亚的探险家托马斯·沃克率队考察阿巴拉契亚山，来到了坎伯兰隘口的东端，他正式把这个隘口标注在地图上，并以当时的英王乔治二世的儿子坎伯兰公爵的封地为其命名。此后，猎人们纷纷涌向了此地，借道前往阿巴拉契亚山的背后，去寻找更多的海狸。

阿巴拉契亚山背后的世界从此开始吸引更多英国殖民者的目光。他们了解到，在坎伯兰隘口的另一头是森林密布的肯塔基，拥有无尽的木材资源以及不少可供狩猎的野兽；肯塔基往北走有一片水草丰美的低地，叫作俄亥俄河谷地区。于是在1748年，弗吉尼亚殖民地成立了俄亥俄公司，派人通过坎伯兰隘口，前往俄亥俄河谷地区勘测土地，准备将其据为己有。然而此举却刺激到了法国人。法国人从圣劳伦斯河进入北美洲，然后渡过五大湖，顺着密西西比河南下，一直抵达新奥尔良，整个北美洲中部都是他们的势力范围，包括俄亥俄地区。

英国人和法国人本来就互相敌对，弗吉尼亚和法国人就俄亥俄归属问题的矛盾也不可调和，于是便于1754年爆发了法印战争。法国及其盟友印第安人各部和英国人在北美洲开战。从宏观角度看，这也是英法七年战争的一部分。这场战争让英国的13个殖民地第一次团结在了一起，为日后的独立战争奠定了一定的基础。而战争中涌现出的一些领袖，比如华盛顿、霍雷肖·盖茨、本杰明·富兰克林等，日后成了美国独立战争的核心人物。

隘口的疏通

13个英国殖民地团结起来击败了法国人。法国退出了俄亥俄地区，从此在北美洲一蹶不振。英国殖民地的猎人和商人们高高兴兴地准备在这片新土地上大干一番。然而，英国政府却出于对税收、防务、贸易垄断和印第安人的关系等各种问题的考虑，颁布了《1763年皇家公告》，宣告在阿巴拉契亚山以西，英国殖民者已经建成的房屋，将被政府没收封存，私自越线开垦的人会被逮捕。这样的政策引起了殖民地对英国政府的强烈不满。因此，很多历史学家认为，这份公告是美国独立战争的第一条导火索。再加上之后的印花税、唐森德条例、波士顿大屠杀、波士顿倾茶事件等一系列事件的累积，最终，13个殖民地发起了独立战争，建立了美利坚合众国。

1775年3月，就在莱克星顿枪声响起前的一个月，来自宾夕法尼亚的探险家丹尼·布恩带领大约30名猎人，来到弗吉尼亚西部打猎。他们来到了坎伯兰隘口的东端。由于大多数印第安人部落在法印战争里支持法国，因此英国人和印第安人的关系一直不好。法印战争以后，印第安人收缩在隘口的西侧，而英国政府也禁止殖民者向西开发，因此坎伯兰隘口里原有的印第安人小径逐渐少有人往来，都被荆棘覆盖了。

在坎伯兰隘口东侧，从小就以捍卫自由为己任的布恩决定：穿过隘口，去山后打猎，赚更多的钱，政策公告什么的都滚一边去吧。于是，大约30个人挥舞着长刀，拨开藤蔓，披荆斩棘，深入隘口。他们完全是背水一战。面对各式各样的危险和未知的前途，他们没有带任何给养和药品，也没有向导和地图，只有对未来的期盼和执着的勇于探索的心。

终于，布恩等人靠近了隘口的西侧，闯进了肖尼人的地盘。肖尼人可不把布恩他们当作伟大的探险家，而是把他们当作入侵者。为了保卫家园，肖尼人袭击了布恩的队伍。布恩是个有过军事经验的人，法印战争的时候曾经代表北卡罗来纳参战。而且他和印第安人有血仇：他的儿子正是被印第安人所害。因此在肖尼人的袭击下，布恩没有躲避，而是组织起自己的下属，和肖尼人混战到一起。

此时的肖尼人早已展开了与欧洲殖民者的交往，学会了枪支的使用，并且有了森严的社会体系。他们人数众多，训练有素，武器精良，且主场作战，熟悉地形。布恩的人虽然勇猛善战，但毕竟寡不敌众，且孤军深入，最终被击溃，伤亡惨重。布恩侥幸突围。逃出包围圈之后，布恩并没有折返，而是选择了继续向西。最终，他们走出了坎伯兰隘口，到达了拥有丰富资源的肯塔基，建立了布恩据点。

走向荒野

就在一年后，另一位探险家詹姆斯·罗伯森带领一队人马从南边的北卡罗来纳出发，来到了坎伯兰隘口。他们此行的目的是去接收一块刚从切诺基人手里买下的土地。和布恩不同的是，罗伯森有外交天赋，非常善于和印第安人打交道。他们要接收的这块土地，正是罗伯森通过谈判，从南边的切诺基人那里和平买来的。在隘口里，罗伯森和肖尼人进行了友好的谈判，最终他率领他的人马平安地穿过了坎伯兰隘口，继续西行，在新获得的土地上建立了一座小据点。这座小据点经过发展，成了今天的音乐之城纳什维尔。而罗伯森的成功之旅，也标志着坎伯兰隘口成为一条安全的通道。

布恩和罗伯森所开辟的这条穿越坎伯兰隘口的路，在之后的20年间被超过30万人走过。它被称为"田纳西荒野之路"（Wilderness Road of Tennessee），因为它所连接的是阿巴拉契亚山背后的未知的荒野世界。这30万人成了肯塔基和田纳西地区的第一批白人居民，建立了一个个据点、要塞、村镇，为刚建立的美利坚合众国稳固肯塔基和田纳西地区的疆域做出了巨大的贡献。

但这条路的意义远不只如此。这条荒野之路的出现，为刚刚立国的美国人提供了一条通往西部广阔天地的途径。美利坚合众国建立以后，英国颁布的禁止向西开垦的命令便不复存在。坎伯兰隘口的疏通，就像吹响了美国人大规模向西迁徙的号角。从此，持续多年的西进运动拉开了序幕。

西进运动的发起原因有很多，其中东海岸的社会矛盾和人口暴涨起到了决定性的作用。19世纪初，欧洲爆发了拿破仑战争。为了不让对方得到来自美洲的补给品，各国相继互相封锁海岸线，这导致美国的商船损失惨重，无法进入欧洲。正派的商人破产了，投机主义者搞起了走私，在混乱中勉强维持着经济总量。对于这样的封锁，美国政府非常无奈。于是麦迪逊总统下令，美国也封锁自己的海岸线，不为欧洲国家提供任何军需品，直到各国保证不骚扰美国船只为止。然而欧洲各国厮杀成一团乱麻，没工夫理会美国人的意见。这样一来，就连走私者也维持不下去了，美国的经济陷入停滞。

与此同时，美国独立后沉淀多年的社会隐患也逐渐显露。美国东部，特别是南方各州的人口持续上涨，人们对土地的需求已经达到了新的高度。然而土地的供给是有限的。除了欺负原住民，占领一些土地之外，美国南方已经没有多余的土地来开设新的种植园了。一些州为了还清独立战争时欠下的债务，开始收取高额的赋税，甚至比英国殖民时期还要高；另一些州，为了让民众满意，不得不立法来剥夺商人富豪们的利益，罗得岛州甚至出现了多数人的暴政。全国各地时常会有民变发生。

如此严峻的社会形势下，美国政府只能鼓励民众们往西走。西边有广袤的国土，要土地有土地，要木材有木材，要矿产有

坎伯兰隘口里的小径

矿产。在没有建制的地方，甚至还可以形成自治。在东部生活很困难的底层群众，想要翻身，最好的途径就是向西走，去荒野里重新开辟自己的生存空间。这和他们的祖先离开欧洲，来到美洲的选择是一样的。于是，浩浩荡荡、持续数十年的西进运动开始了，而西进的最初起点，就是坎伯兰隘口；最初的路，便是田纳西的荒野之路。

西进的过程中，美国买下了路易斯安那，吞并了得克萨斯，击败了强邻墨西哥，渗入了俄勒冈。他们渡过了密西西比河，征服了科罗拉多高原，翻越了洛基山，击败了骁勇的苏族人，挖到了内华达的金矿，最后在陆地的尽头再次看见了大海。到19世纪中期，美国已经由一个只有阿巴拉契亚山到大西洋之间狭长土地的小国，变成了一个从大西洋到太平洋的大国。

西进运动给美国带来的不仅是辽阔的疆域和丰富的自然资源。西进运动中，美国人背对大西洋，越走越远，同时也把英国殖民时代的历史包袱扔在了身后。到了西部的美国

肯塔基州发行的纪念坎伯兰隘口的硬币，上面写的是「通往西部的第一扇门」

人，见到了壮丽的荒野景观，于是认为上帝是在美国创造的世界，这才把最好的景观留在了美国，因此美国的崛起是"天定命运"（Manifest Destiny）。这样的思想，以及对荒野和自由的向往，从此深深烙印在美国人的基因里，并逐渐形成了本土的文化，比如个人英雄主义的牛仔文化和再后来的叛逆的嬉皮士文化等。西进运动的先驱者们所表现出来的品质和精神，和布恩穿越坎伯兰隘口时是一致的：勇敢、坚韧、探索、义无反顾。这些品质和精神，逐渐发展成为美国的民族精神。这是继建国前的大觉醒运动恢复了人们的宗教热情之后，北美人民再次从思想上提升了自己，也提高了美利坚民族的自我认同。

当然，坎伯兰隘口在历史中的作用也不完全是正面的。比如对于印第安人来说，坎伯兰隘口的存在就是灾难，在西进运动的冲击下，许多印第安人流离失所，最终被迫迁往保留区。美国快速西进、兼并土地的过程中，南北矛盾也显露了出来，并迅速激化，后来导致了残酷的内战。内战中，坎伯兰隘口五易其手，是双方争夺的焦点。

坎伯兰隘口不仅是西进运动的起点，也是美国精神与文化的源泉。目前，坎伯兰隘口已成为一座国家历史公园，归国家公园署管理，受到联邦政府保护。在这座自然开凿在阿巴拉契亚山的窗口里，美国人走出了崛起的第一步。隘口另一侧的荒野之路，是美国人铸造民族精神、拓展疆土时走过的第一段路。此后，西部的荒野上，由荒野之路延伸出的一条条小径把美国人带向了洛基山和太平洋，也带向了世界大国的舞台。

俄勒冈小径：
西进运动的主干线

　　自从坎伯兰隘口这扇通往西部的大门被打开后，美国便开始了从大西洋走向太平洋的西进运动。和东部那些已经被英国人经营了200年的地区不同，西部充满野性。在望不到尽头的大平原上、终年积雪的洛基山上、炎热无水的沙漠里，除了稀稀拉拉的西班牙或法国人留下的据点以外，就只剩下骁勇善战的印第安游牧部落。道路？根本没有，或者说，到处都是，只是需要你去发现。于是，鲁迅的一句话便有了最好的体现：其实世上本没有路，走的人多了，也便成了路。在西部荒原上，一条条小径被无数的先驱者用双脚踏了出来，成了美国这段历史的见证。这批小径中，最著名的便数通往美国本土西北部的俄勒冈小径（Oregon Trail）。

　　俄勒冈小径东起圣路易斯，经过今天的密苏里、堪萨斯、内布拉斯加、怀俄明、爱达荷等州，到达今天俄勒冈州波特兰附近的温哥华堡，总长约3 500千米。它沿途经过了密西西比河流域的大平原、内布拉斯加和怀俄明境内的高草地，以及美洲大陆的分水岭和洛基山脉、蛇河和哥伦比亚河的玄武岩平原等不同的地形区。

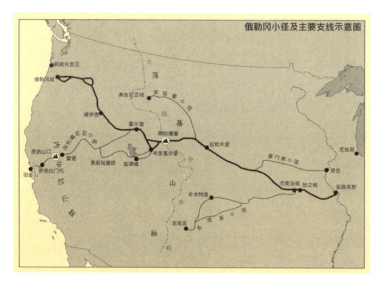

支线示意图　俄勒冈小径及主要

为了海狸毛皮

俄勒冈小径早期的历史可以追溯到美国历史上的一次伟大探险：刘易斯和克拉克的远征。1803年，美国从拿破仑手里买下了200多万平方千米的法属路易斯安那地区。对于这片新买的领土，美国人知之甚少。于是，美国总统杰斐逊派出了梅利韦瑟·刘易斯和威廉·克拉克两位军官，带领一支探险队去考察这片广大的区域。

1804年，刘易斯和克拉克的队伍从圣路易斯出发，沿着密苏里河逆流而上，进入了未知的荒原。在随后的两年时间里，这支探险队克服了重重困难，经历了各种危险，圆满地完成了任务，也留下了各种各样或动人或荒诞的传说。其间，他们对这片区域进行了详细的地理、生物、人文等方面的考察，绘制了地图，摸清了当地各个印第安人部落的大致情况，还留下了许多沿用至今的地名，比如博伊西、蛇河、黄石河、哥伦比亚河、提顿山脉、风河山脉等。

1806年，探险队回到了首都华盛顿，刘易斯和克拉克都成了英雄。他们不仅为美国带回了关于西部的珍贵资料，还替美国宣

19世纪初期俄勒冈地区探险线路图

示了在北美大陆腹地以及西北部太平洋沿岸的主权。更重要的是，他们出版的旅行日记，为美国人详细讲述了西部荒野里的种种商机。这其中最吸引人的，是生活在西北部河流里的海狸。

从17世纪开始，北美的海狸就在历史中扮演起重要的角色。

海狸毛皮做成的衣物，在欧洲的上层社会很受欢迎，可以卖出很高的价钱。北美洲生活的众多海狸，曾经吸引了法国人、荷兰人乃至俄国人到北美洲进行殖民贸易活动。到了19世纪，经过几百年的捕杀，美国东部的海狸数量已经大幅减少。但刘易斯和克拉克的日记里，明确记载了西北的俄勒冈地区还生活着许多海狸。在商人的眼里，海狸就是金钱。

于是在1810年，纽约的毛皮商人约翰·雅各·阿斯特组建了太平洋毛皮公司（Pacific Fur Company），准备去遥远的蛇河—哥伦比亚河流域进行开发，同时猎取海狸毛皮。

太平洋毛皮公司的标志

阿斯特的举措得到了总统杰斐逊的鼎力支持。原来，当时美国从法国手里买下路易斯安那地区以后，在签署的条约里，路易斯安那的边界描述得十分模糊。远在西北太平洋海岸的俄勒冈地区究竟算不算路易斯安那购买的一部分，谁也说不清楚。美国认为俄勒冈是自己的，但西班牙、英国、俄国也都盯着这块土地。英国的哈德逊湾公司和俄国的俄美公司甚至已经开始蠢蠢欲动，要把这块土地占为己有。阿斯特对这片土地上海狸毛皮的兴趣，正好被杰斐逊总统利用。于是，阿斯特的太平洋毛皮公司对俄勒冈地区的开发，便得到了政府的支持。

1811年，太平洋毛皮公司派出一支先遣探险队去开发俄勒冈。这支探险队的领队叫作威尔逊·普莱斯·亨特（Wilson Price

Hunt)，在太平洋毛皮公司成立之前，他就早已是阿斯特手下的得力干将了。亨特在重赏之下，招募了一批勇夫，开始了西征之旅。

这队人马最初的旅程并不顺利。他们沿着刘易斯和克拉克记录的路线，取道远在北方的蒙大拿，因为那里有一些通过大陆分水岭的山口。途中，他们险些遭到苏族人[1]的伏击，后来又和由密苏里毛皮公司[2]派来的探险队发生摩擦，差点发生流血冲突。

直到请来了几位会英语和法语的支奴干人[3]做向导，亨特的探险才变得顺畅起来。他们从北方的蒙大拿一带穿越了大陆分水岭，然后南下蛇河峡谷，最终在340天后到达了满是海狸的哥伦比亚河流域。1812年，在哥伦比亚河的入海口附近，亨特建立了据点，并根据老板阿斯特的名字，将其命名为阿斯托里亚。这是美国人在太平洋海岸的第一个永久落脚点。从此，美国正式染指西海岸，成为一个疆域跨越整个北美大陆的国家。

就在他们准备大干一番的时候，1812年美英战争爆发了。阿斯特在东海岸的贸易站被英军占领，不得不停止了在美国的所有生意，跑到中国广州，和英国人合作卖起了鸦片。太平洋毛皮公司陷入停摆，曾经说好要给亨特派来的后续人员，也没有了下文。亨特知道，孤悬在这遥远的太平洋海岸不是长久之计，于是便率队东返。

然而，亨特不愿重走来时的路。那条路不仅要向北绕很远，而

1　又作苏伊克斯人，原本是活跃于今天美国蒙大拿及南北达科他地区的原住民部族。

2　由西班牙裔美国人建立的一家毛皮贸易公司，比太平洋毛皮公司早一年成立，是美国历史上最早的毛皮贸易公司。

3　又作奇努克人，原本是活跃于美国西海岸北部的原住民部族。

且沿途还有敌对的苏族人，始终是个威胁。于是，亨特派出了一支小分队，沿着蛇河向东南方向的大陆腹地进行探索，看能不能找出一条可以便捷地穿越大陆分水岭的路线。这支分队不辱使命，他们沿着蛇河平原南部的山谷进入了绿河盆地，然后在今天怀俄明州境内的绿河盆地东侧、风河山脉南端，发现了大陆分水岭的一个豁口，并将其命名为"南线通道"（South Pass）。

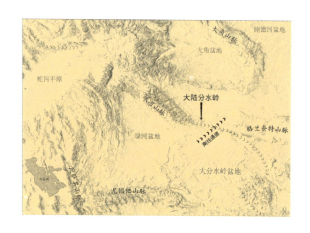

南线通道地形图

探险队从南线通道东归圣路易斯。他们返回的这条路，完全避开了苏族人的地盘，沿线的原住民都比较友好。这条路的海拔变化也相对较小，坡度较缓，比刘易斯和克拉克走的北线要容易许多。于是这条路便在后来的毛皮商人口中传开了。

美英之战结束后，阿斯特回到了纽约。晚年的他放弃了太平洋毛皮公司，在地价尚未起飞的纽约，改行做起了地产生意。最终，商业嗅觉敏锐的他，成了美国历史上的第一个商业巨头。

太平洋皮毛公司从此销声匿迹了，但别的毛皮公司利用上了这条南线的坦途，前往俄勒冈地区，这条由南线通道连接俄勒冈的小路，被称作"俄勒冈小径"。毛皮商人们在俄勒冈小径上穿梭来往，在俄勒冈地区建起了许多贸易据点。随着西班牙退出在这片土地上的竞争，美国和英国搁置前嫌，联合建立了俄勒冈领地（Oregon Country），联手防备从地球另一边绕过来的俄国人。同时，他们也与新独立的墨西哥签署了详细的边界协定。从此，俄勒冈地区局势趋于稳定，俄勒冈小径也成了毛皮商人通往太平洋海岸最便捷、最安全的道路。

理想与现实的双重感召

在19世纪中前期，西进运动进入了高潮。俄勒冈小径上，除了毛皮商人外，还出现了许多抛家舍业，到西部去重新开辟天地的垦荒者，以及到荒野中创作、采风、寻找灵感的艺术家。这些艺术家中，有一个非常重要的群体，叫作哈德逊河派。

哈德逊河派得名于流过纽约的哈德逊河。这条河的上游，有一些风光秀丽的地区，那里有瀑布、泉水、森林，还有田园农场。美国建国初期，生活在纽约的普通人很少有机会去遥远的西部体验荒原的狂野，所以哈德逊河上游就成了他们回归自然的最佳选择。纽约城的许多艺术家，也很爱到哈德逊河上游作画，久而久之，就形成了一个专门描绘自然风景和乡间生活的画派，被称为哈德逊河派。

哈德逊河派早期代表人物托马斯·科尔的作品

　　当西进运动进入高潮之后，哈德逊河派的画家，也就不再执着于哈德逊河了。他们跟随垦荒的人，沿着俄勒冈小径来到了西部大地上，用他们自己的风格，来描绘东海岸的人们从未见过的荒野景色。他们笔下美丽而震撼的荒野景色，让东海岸的居民们饱享眼福，同时也勾起了东海岸美国人心里的自豪：这么美丽的景色，这么辽阔的土地，都是我们美国的！

　　渐渐地，美国人心中产生了这么一系列逻辑：上帝把如此美丽而壮观的地形地貌留在了美国，这就说明，美国是上帝心中最重要的地方。美国的向西扩张，是去开发自己的土地，是执行上帝的旨意。美国人的命运，是受上帝保佑的。世界的未来，必将属于美国。这种思维在美国人里逐渐传开，并得到了广泛的认可，被称为"天定命运"（Manifest Destiny）思想。

　　有了天定命运的想法，美国人便和祖先的故乡欧洲撇清了关系，把历史的包袱扔进了大西洋。回顾美国人的祖先，他们最初要么是欧洲的失败者，怀着一颗破釜沉舟的心来到了新大陆谋生；要么是主动放弃了发达的欧洲，为了宗教或政治的自由，到北美的荒蛮之地开垦。美国人基因里，注定有野性和不羁的一面，而这种基因在天定命运思想的召唤下，播散开来。自从坎伯兰隘口和荒野之路开通以来，美国人逐渐形成的那种对荒野和自由的向往，进一步加剧，最后成了美利坚的民族性格，增强了美国这个新生国家的凝聚力和自信心。

约翰·盖斯特的著名画作《美国的发展》，被视作展现「天定命运」的代表作

　　当然，单靠思想和信念，还不足以撑起整个西进运动。除了理想的召唤，还有现实的诱惑。19世纪中前期，美国建立也有一段时间了，然而人民的生活和殖民地时期比起来，并没显著改善。比如在最初，北美人民以"无代表不交税"的口号闹起了革命，赶跑了英国人，不再向伦敦纳税。可是，新成立的美国政府，还是要收税。甚至在建国之初，为了还清战争贷款，有的州收的

税，比当初英国收的税还要重。同样的，殖民地时期留下的许多社会问题，到了美国建国之后照样存在。那些没地没钱的人，能选择的只有往西走。西边的荒野上，有大片的沃土和无数的矿产在等着他们。

美国政府对西进运动，当然也是支持的。不仅是支持，政客们的心里大概都在偷着乐。贫穷的人们向西而去，帮助国家稳定边疆，同时又减小了东部发达地区的社会矛盾，何乐而不为。这些人到了西部，开垦了荒地，种出了粮食，挖出了矿产，获利的都是国家。至于西行路上的危险和艰苦，政客们大抵是不关心的。

为了让更多的人西进，政府制定了激励政策：西边的土地可以低价出售给垦荒的人，当一个区域有了人，政府就会派出考察队进行测量规划，建立领地（territory），当领地的人口数目达到一定门槛后，就可以加入联邦，成为州份（state），享受所有东海岸发达地区同样的福利。

作为最受欢迎的西进线路，俄勒冈小径逐渐热闹起来了。一座座据点和小镇的建立，标志着这条长距离路线的成熟，也标志着它更加安全。实际上，所有的西进线路中，俄勒冈小径是受到印第安人威胁最小的一个。各条支线的打通，也标志着西部最初的路网的形成。许多支线的终点，到后来都成为著名的城市，比如盐湖城、丹佛、比灵斯、拉勒米和萨克拉门托。

在理想和现实的双重驱使下，很多普通民众拖家带口，涌向了俄勒冈小径。1840—1860年，有超过40万人在这条小径上走过。最初，他们驱赶的是曾经在开发东海岸的过程中，发挥过

↑怀俄明境内绿河盆地的俄勒冈小径遗迹（2015年）

→「草原帆船」马车

重要作用的康尼斯托加马车。和当年一样，这种设计独特的水陆双栖马车在西进的初期立下了汗马功劳。但到了后来，康尼斯托加马车相对笨重的车身已经无法满足西进先驱者们在洛基山上的需求。为了在凹凸不平、蜿蜒曲折的地面上，每天能赶更多的路，拓荒者们发明了一种轻型的新式马车，被称为"草原帆船"

（prairie schooners）。这种由帆布覆盖的马车比康尼斯托加马车体型小了很多，但它速度快、灵活，适应崎岖的地形，成为俄勒冈小径上最常见的交通工具。

西进路上的悲剧

美国人对自由的向往，对荒野的追求，造就了美国的进取精神，但有时也会付出代价。西进过程中，除了美国西部的大片荒野之外，当时的墨西哥在其北部拥有的那些地广人稀的区域，也是美国人的目的地。起初，墨西哥对来自美国的移民睁一只眼闭一只眼，因为墨西哥北部那些相对荒凉的区域，也确实需要人去开发。美国人想去，那就让他们去好了。

于是，墨西哥北部包括得克萨斯、亚利桑那和加利福尼亚在内的区域，逐渐被美国人渗透。其中，海边的加利福尼亚是许多美国人梦想的目的地。于是在霍尔堡（今爱达荷州南部）附近，俄勒冈小径一分为二。那些想要前往加利福尼亚的人，从这个岔道离开俄勒冈小径的主干线，折向西南方。

这是一条异常艰苦的支线，它要穿过干旱的内华达沙漠、起伏不定的盆岭区域、蜿蜒曲折的洪堡河峡谷，还有终年积雪的内华达雪山（Sierra Nevada）。但是，在加利福尼亚明媚阳光的召唤下，人们前赴后继地踏上了这条支路。后来，这条支路被命名为加利福尼亚小径，是俄勒冈小径的支路里最热门的一条，去往加利福尼亚的人，甚至比去往俄勒冈的人还要多。

内华达雪山

　　但让更多人记住这条支路的，是美国西进运动时期最惨绝人寰的一个悲剧。1846年，一个叫乔治·唐纳（George Donner）的北卡罗来纳人，带领家族以及朋友、邻里共87人，踏上了西进的征途。他们沿着俄勒冈小径往西，目的地是加利福尼亚。按计划，他们将和大队人马一起，在霍尔堡附近转到已经成熟的加利福尼亚小径上，在冬天到来之前抵达萨克拉门托。然而，唐纳却有自己的打算。

　　在那之前，有个叫黑斯廷的人宣称找到了一条通往加利福尼亚的近道，叫作"黑斯廷近道"（Hastings Cutoff，也叫黑斯廷捷径）。这条近道比起传统路线，可以节省大约200千米的路程。然而，除了黑斯廷之外，并没有第二个人走过这条路。至于黑斯廷记载的准确性，谁也不能保证。60岁的唐纳一生都奔波在中西部地区的野外，经验丰富，也很勇敢。在变数颇多的情况下，唐纳一行人在布里基尔堡的岔路口离开了大队，踏上了这条所谓的

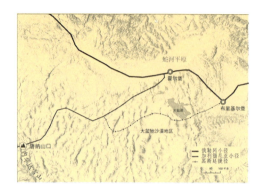

黑斯廷近道示意图

黑斯廷近道。

　　黑斯廷近道确实存在，也确实可以节省200千米的路程。但黑斯廷没说的是，这条路要翻越山地和沙漠，这使得耗费在路上的时间陡然增加了不少。结果，当唐纳一行人经过黑斯廷近道，回到加利福尼亚小径之后，冬天已经来临了。而等在他们前面的，是内华达雪山。

　　由于沿途补给缺乏，唐纳等人已无法返回布里基尔堡，只能硬着头皮走向了内华达雪山。在到达特拉齐山口时，唐纳等人被困在了突如其来的冬季风暴中。更糟的是，他们队伍中有的马车因为在黑斯廷近道上的颠簸而损坏了。唐纳一行人只好安营扎寨，等待暴风雪过去。然而暴风雪却持续了一整个冬天。当春天到来，前来搜寻这行人的救援队赶到山口的时候，唐纳带来的人已经死亡过半，剩下的人也都奄奄一息。而且，那些死去的人全都尸骨无存，因为他们的尸体都被活着的人吃掉了。唐纳甚至吃掉了自己的妻子。

唐纳山口，图中的小湖叫唐纳湖，湖边就是唐纳冬季扎营之处

就在唐纳遇险之处的附近，两年后人们发现了黄金，旋即开启了疯狂的淘金热，俄勒冈小径和加利福尼亚小径更是行人如织。唐纳等人用生命和道德为代价，为之后的淘金者们摸索出了一条带血的路。后来，美国人把特拉齐山口改名为唐纳山口，以纪念那些在西进运动中付出牺牲的先驱者们。

值得一提的是，付出牺牲的远远不只这些先驱者。西进运动塑造了美国的个性，却让印第安人流离失所，也最终让墨西哥丧失了一半的领土。随着一个个新的州沿着俄勒冈小径建立，蓄奴和废奴的矛盾也变得日益尖锐，随后就在俄勒冈小径的沿线，关于奴隶制的矛盾引发了堪萨斯流血事件[1]，而紧随其后的，还有更为惨烈的南北战争。南北战争之后，俄勒冈小径及其各条支路逐

---

1 又作堪萨斯内战，指19世纪50年代中期，堪萨斯地区围绕奴隶制存废问题而爆发的一系列流血冲突事件。

渐退出历史舞台，它们的地位被横跨北美大陆的太平洋铁路取代。不过，作为西进运动的见证者，俄勒冈小径被纳入了国家公园体系，作为美国历史的重要遗迹而被保护和铭记。

波兹曼小径：
财富与圣地

　　在美国西北部有一个以盛产牛肉出名的蒙大拿州。蒙大拿州的畜牧业是这个州的经济支柱，而牛是这个州的居民最喜欢饲养的牲畜，全州约有260万头牛。该州的牛肉产业不仅以肉质出众而闻名，更是被誉为世界牛种之都，有许多牛被专门选出用于育种。然而有趣的是，历史上蒙大拿这片广袤的荒野是不产牛的，最初的一批牛是在1866年由一位矿工从俄亥俄州通过一条叫"波兹曼小径"的路引进到蒙大拿的。而这条波兹曼小径，不仅为蒙大拿开启了养牛的产业，还对美国西北地区的历史产生过重大的影响。

　　波兹曼小径是西进运动时期美国通往西部的交通要道俄勒冈小径上的一条重要支路。它在今怀俄明州境内的拉勒米堡附近和俄勒冈小径分离，然后沿着大角山（Bighorn Mountain，又作巨角山）的东北麓前行，最终抵达今蒙大拿州境内的弗吉尼亚城，全长约800千米。这条小径存在的历史很短，但它的历史地位丝毫不低于西部荒野上的其他小径。

淘金者的新路

1849年，西部淘金热兴起，从殖民时代开始就在北美洲挥之不去的黄金之梦再次召唤着人们，大量移民从世界各地涌向了加利福尼亚，梦想着一夜暴富。除了加利福尼亚内华达雪山上的金矿以外，美国西部还有许多别的地方也纷纷发现了金矿，其中就包括蒙大拿。

1860年，一个叫约翰·梅林·波兹曼（John Merin Bozeman）的人来到了西部，投身于淘金大军中。此时的加利福尼亚已经人满为患，内华达雪山上的金子已经被淘得差不多了，许多人狂热地到了山中，却倾家荡产、一无所获，真正发财的人越来越少。波兹曼不想去凑这个不再值钱的热闹，他选择了科罗拉多的一处矿区进行淘采。

波兹曼出生在佐治亚州西部的蓝岭山区，当地有许多富含矿物的溪流，因此河床淘采十分盛行，波兹曼也从小耳濡目染，淘采技术相当出众。很快，他就有了许多追随者，大家觉得跟着波兹曼就能淘到金子。然而，科罗拉多的金矿质量并不好，淘采之后的利润很小，波兹曼等人很快就失望了。这时有消息传来：北方蒙大拿领地也发现了金矿，而且质量不错。于是，波兹曼决定带着他的追随者北上蒙大拿。

当时的蒙大拿只是一个领地，还没有以州的名义加入联邦，全境人烟稀少。蒙大拿的西南地区是洛基山的各条支脉，山势险峻，难以通行，而其东部的平原地区，则是敌视美国人的原住民苏族人的家园，也无法通过。于是，进入蒙大拿矿区的路只有一条，那就是从圣路易斯出发，坐船沿着密苏里河逆流而上，抵达前沿据点本顿堡，然后再取陆路南下到发现金矿的地区。

　　坐着蒸汽船逆流而上，行驶上千千米，是个漫长的旅程。1862年，波兹曼终于抵达了矿区，然而让他沮丧的是，前一年发现的那处质量好的金矿已经被人淘干净了。不久后，又有消息传来，说在距离这个矿区大约70千米外的一条小溪里，又发现了金子。波兹曼立刻前往了那条小溪，果然淘到了金子。随后，越来越多的淘金者追随他而来，小溪两岸搭满了淘金者的帐篷，后来发展成小木屋以及永久性的房屋，形成了一座小镇。这些来自东部的淘金者把这座小镇称为弗吉尼亚城，以表达自己对东海岸故土的思念。

　　令人意想不到的是，好不容易发现金矿的波兹曼，突然宣布洗手不干了。原来，当他看到越来越多的淘金者涌向弗吉尼亚城，他知道自己能淘到的金子只会越来越少。于是他想到了另一条财路：为这些淘金者担任向导，从中收取路费。这样的生意，收入比淘金要稳定。于是，他联合了当地的一位猎人，开始寻找从弗吉尼亚城通往俄勒冈小径的捷径。

　　这位猎人在蒙大拿以及怀俄明生活很久了，熟悉当地的地理地形。在猎人的帮助下，他们首先在熊牙山[1]北侧发现了一个可以穿越洛基山的隘口，然后又找到了一条印第安人曾经使用过的小

1　又作贝尔图斯山，是落基山的一部分，在今天的黄石公园北侧。

保留至今的弗吉尼亚城

路。这条小路几乎全程都在鲍德河盆地里，沿线地势平缓，可以通行马车。它最终在拉勒米堡以西和俄勒冈小径交汇。

1863年，波兹曼向外宣布了这条小路的存在，并作为向导，为淘金者指引这条路。这年7月，波兹曼的第一批客人找上门来了。这一行人约有百人，其中包括少部分的妇女、儿童。他们沿着这条新路北上，向蒙大拿进发。然而在探路的时候，波兹曼只注意到了地形，却忽略了一个严重的隐患：印第安人的威胁。

怀俄明到蒙大拿南部一带，是苏族人三大分支之一的拉科塔人的势力范围。早在1851年，美军就和拉科塔人签订了《1851年拉勒米堡条约》，把鲍德河盆地划为拉科塔人的狩猎区，美国人未经允许不得进入。波兹曼率领一百来人走进了鲍德河盆地，显然违反了这一条约的规定。于是，拉科塔人联合了附近的夏延人，在波兹曼的行进路上严阵以待，阻击这一伙美国人。

波兹曼和印第安人的武士们僵持不下。队伍中，有人急速返回拉勒米堡，向美军求援，却被告知波兹曼违约在先，美军无法插手此事。于是，队伍中的大部分人只能沿途南撤，回到了俄勒

苏族人三大分支及周边部族分布示意图

冈小径上。但波兹曼不愿意自己的第一趟生意就此告吹。他和留下来的不怕死的人，继续前进，穿过了拉科塔人的防区，向弗吉尼亚城进发。在拉科塔人的围追堵截下，波兹曼等人于21天后顺利穿过了他早先发现的那个隘口，离开了鲍德河盆地，摆脱了拉科塔人的追击。不久后，他们抵达弗吉尼亚城，受到了英雄般的欢迎。为了传颂这段壮举，这条新开的路被称为波兹曼小径，而那个隘口也被命名为波兹曼隘口。

红云的胜利

尽管拉科塔人的威胁仍然还在，但有了波兹曼的先例，更多勇敢的淘金者选择了这条通往弗吉尼亚城的捷径。1864年，有大约1 500人从这条路上走过，大部分都平安地抵达了弗吉尼亚城。但是其中有一队人马遇到了麻烦。这队人马由一个叫汤森的人率领，队伍由150驾马车，大约500个人组成，他们行进到拉科塔人的狩猎区之后，遇到了拉科塔武士。唐森加强了戒备，但是拉科塔人却表示，这次并不是冲着美国人来的，他们的袭击目标是养马高手克罗人的优质战马。不过他们还是警告了唐森等人，要他们离开自己的狩猎区。

既然不是冲着自己来的，唐森主动给拉科塔人让了路，甚至还和拉科塔人交换了一些食物。但他当然没有听从拉科塔人的警告，而是继续按计划前行。意外终究发生了。第二天，唐森清点人数时，发现自己手下有个叫米尔斯的人失踪了。唐森派出了6个人去寻找米尔斯，结果在一片树林里发现了被挂在树上的米尔斯的尸体。6个人赶紧折返，但在路上遭到了拉科塔武士的伏击，其中有一个人中箭负伤。

唐森是个不怕事的人。他队伍里的人大多是来自威斯康星和爱荷华的中西部牧民，身强力壮，且他们还携带有足够多的枪支弹药。他们就近找到了一座山丘，把马车和辎重环形围绕在山丘下，而500多人则在山丘顶上做好了防御准备。果然，拉科塔人尾随而至，对山丘发动了攻击，并在山丘周围放起了火，要将唐森等人困死在山丘上。唐森沉着应对，队伍里的男人们全部参战，利用手里武器的优势，击退了拉科塔人的攻击，而妇女和儿童则负责挖掘水渠，把周围小溪的水引到了山丘下，浇灭了烈火。他们最终脱险，突围而去，到达了弗吉尼亚城。

唐森的这次冲突，让美国移民和拉科塔人彻底结下了仇恨。随着蒙大拿淘金热的规模不断扩大，波兹曼小径上的人也越来越多。拉勒米堡和卡斯珀堡的美军再也不顾和拉科塔人签订过的条约，开始进驻波兹曼小径的沿线，并在鲍德河盆地里建起了三座堡垒，以保护美国公民的人身安全。1866年，一个叫尼尔森·斯托里的淘金者在蒙大拿发了财，并建立了自己的庄园。为了能在蒙大拿的荒山野岭里吃上牛肉，他购买了3 000头长角牛，并一路沿波兹曼小径将牛驱赶到了蒙大拿。从此，蒙大拿养牛的历史就开始了。

随着美国人的势力在蒙大拿以及鲍德河盆地里越发壮大，拉科塔人的不满情绪与日俱增。双方的流血摩擦终于不可避免。此时的美国已经走出了南北战争的阴霾。休养停当之后，美军便向西挺进，着手清除西部的原住民部落。拉科塔人所在的苏族历来以骁勇善战闻名，自然就成为美军的重点清剿对象。1862年，美军击破了苏族三大部中的另一支，达科他人，并处死了许多俘虏，与苏族人结下了深仇。当波兹曼小径在淘金者中走红之后，美军便决定以此为借口，彻底清除掉苏族人以及附近的其他部族。

在几次小的军事冲突之后，1866年6月中旬，美军在拉勒米堡召开会议，同附近各个部族的原住民首领一起商议波兹曼小径的使用权问题。实际上，波兹曼小径要穿越鲍德河盆地，其归属问题早在十多年前的条约里就已经清楚地说明了，美国人要讨论使用权问题，本身就属违约在先。不过，周边各族的首领还是参加了这次会议，他们并不完全反对美国人使用这条路，只是觉得不能白用，要以更多的利益来交换。

代表拉科塔人参加会议的主要有两位：惧马（They Fear Even His Horses）和红云（Red Cloud）。当时，拉科塔人拥有

134

七个主要部落，惧马是其中的奥格拉拉部的首领，而红云则是该部的一位年轻领袖。红云的父亲是布鲁尔部的首领，母亲是奥格拉拉部中备受尊敬的女性，因此在不同部落里都说得上话。

会议上，美国人提出，每年分别向拉科塔人和夏延人支付7万美元和15 000美元的路费，以换取波兹曼小径的使用权，附近别的民族也能获得相应的一些好处费。惧马和红云没有答应这个条件，因为他们知道，美国人是有毁约的"光荣传统"的。惧马和红云要求美军从鲍德河盆地撤出，而这一要求又是美军不愿答应的。于是，会议陷入了僵持。

僵持期间，红云偶然发现，美军实际是在利用会议拖延时间。就在他们谈判的时候，美军少校亨利·加灵顿（Henry Carrington）已经率领原本驻守在堪萨斯的第18步兵团来到了拉勒米堡附近，并且派出两个营进驻到了波兹曼小径的沿线的三座堡垒。红云愤然退出了谈判，和惧马一起对拉科塔人各部落进行了战争动员。在红云的号召下，拉科塔人的七个部落聚集了1000多名战士，附近的夏延人和阿拉帕霍人也各自派来了数百名战士，三个部族合兵共计2 000人，向美军宣战。

1866年冬季，美军军官威廉·费特曼（William Fetterman）率领大约700名士兵，去波兹曼小径沿线的菲尔·基尔尼堡换防。12月下旬，红云派手下将领疯马（Crazy Horse）袭击了菲尔·基尔尼堡附近的一行运送木材去蒙大拿的美国平民。接到求救信，费特曼立即率领大约80名骑兵离开了堡垒，去援救美国平民。然而初来乍到的他，对周围的地形很不熟悉，也严重低估了拉科塔人的战斗力。在红云的指挥下，拉科塔人在波兹曼小径附近一道山梁上埋伏下来，静等菲尔·基尔尼堡的援军。这招围点打援果然奏效，费特曼的援军一头扎进了伏击圈，被2 000名拉科塔战士包围，20分钟后便全军覆没。此时，加灵顿上校正好也在菲尔·基尔尼堡。得知消息，上校立即派兵支援，但为时已晚，费特曼以及和他一同出战的美军第二骑兵旅旅长都阵亡了。这是美军西进以来的第一次重大失利，也是历史上第一次全军覆没。

随后，红云率手下的战士紧逼波兹曼小径，加灵顿上校手下只有不到700人，只能采取守势。在之后的两年里，拉科塔人又和美军进行了几次战斗，最终以人数优势逼退了美军，控制了整条波兹曼小径。美军不得不在1868年和红云进行谈判，最终签署了新的《1868年拉勒米堡条约》，美军宣布撤离波兹曼小径沿线的三个堡垒。美军撤出之后，这三个堡垒被拉科塔人焚烧，波兹曼小径也无人再敢行走，名存实亡。

费特曼之战的新闻插画

这场战争被称为红云战争。红云一战成名，不仅成了拉科塔人的新领袖，而且成了整个西部的各游牧民族的战争英雄。他的胜利也向各民族证明了，美国人并非是不可战胜的，大大提高了西部各民族抗击美军的决心和士气。

原住民的最后一战

然而美军和苏族人之间的恩怨还未结束。虽然波兹曼小径变得无人问津，但美国人四处淘金的热情丝毫没有减弱。不久之后，又有传言说，在波兹曼小径以东的黑山（Black Hills）一带发现了新的金矿。这座黑山是苏族人心目中的圣山，因此苏族各部自然是不允许淘金者在山里发掘金矿的。况且在1868年的条约里，黑山也是被明确列入的白人不许进入的区域之一。

可是在黄金面前，一切危险都不算危险，一切条约都不算条约，美国人还是源源不断地涌向了黑山。为了保护美国人的安全，美军也随即进驻了这片区域，并且撕毁了条约，划出了保留区，强制印第安人各部迁到保留区内，在指定日期前没有迁入者，都是美国的敌人。

此举再一次刺激了拉科塔人，他们又一次武装了起来，对抗美军。这场美军和原住民之间的全面战争史称"大苏族战争"，拉科塔人的指挥官是曾经伏击了费特曼的疯马，以及部落中德高望重的萨满坐牛（Sitting Bull）。疯马在战前号召各族各部一同参战，他说："我们必须一起战斗，否则美国人就会把我们各个击破。美国人想要战争，我们就给他们战争。"因此，这次参战的不仅是拉科塔人了，苏族人的另外两个大部，杨克顿人（也叫纳科塔人）和达科他人（也叫桑蒂人）都加入了战争。苏族人的盟友夏延人、阿拉帕霍人和黑脚人也派来了军队。西部几大最骁勇的游牧民族摈弃前嫌，组成了联合阵线，保卫苏族人的圣山。美军也找来了盟友，包括长期受到苏族人侵略的克罗人，以及和苏族人有不共戴天之仇的鲍尼人。

战争伊始，在疯马的指挥下，原住民联军和美军针锋相对，让美军的仗打得很艰苦。美军将士大多数都士气低落，只有一个人除外。这个人声称自己的部队能够一举歼灭苏族人，他就是乔治·卡斯特（George Custer）。卡斯特毕业于西点军校，在之前的南北战争里功勋卓著，参加过包括盖蒂斯堡之战在内的诸多重要战役，曾率500名密歇根骑兵击败南方军的一个旅。这位常胜将军因此自信满满，甚至还有人要选他当总统。他麾下的部队是美军第七骑兵团，这支部队非常高调，以征服者自居。

1876年，美军总司令谢里登制订了三路合围计划：约翰·吉布森上校率10个连队从埃利斯堡（今蒙大拿州的波兹曼）沿波兹曼小径南下，将军乔治·克鲁克率20个连队从拉勒米堡沿波兹曼小径北上，两军计划沿途击破波兹曼小径沿线的部落，在大角山北侧聚歼原住民联军；将军阿尔弗雷德·豪·特里带主力部队从林肯堡（今北达科他州的俾斯麦）西进，直逼小大角河的下游，对疯马和坐牛所在的大本营实施致命一击，而特里部的先锋就是卡斯特将军的第七骑兵团。

　　波兹曼小径沿线的苏族人英勇得出人意料，在罗斯巴德河与舌河附近的一场血战之后，克鲁克部损失惨重，被迫撤退。吉布森没有等来克鲁克的呼应，只能改道，和特里所率的主力部队合兵一处。6月下旬，特里和卡斯特逼近了小大角河下游，特里派卡斯特率本部骑兵团从正面逼近苏族人在小大角河畔的大本营，然后在山坡上静等待命，等自己率主力迂回到苏族人的侧翼后，一起发起夹击。分兵前，特里让卡斯特带上加特林机枪，但卡斯特拒绝了，因为他认为笨重的机枪会延缓骑兵团的行军速度。

　　25日，卡斯特率领第七骑兵团逼近了苏族人的大帐，但他没有听从静候待命的指示。他发现大营里的苏族战士不过五六千人，便率领自己战无不胜的骑兵团对苏族人发起了攻击。卡斯特严重低估了苏族人的战斗力，他和亲率的200多名精锐骑兵在正面冲锋之后陷入了苏族人的包围圈，而两翼包抄的骑兵也被苏族人击

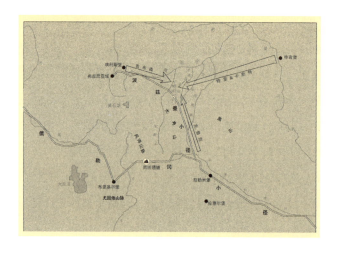

小大角战役前美军三路合围计划示意图

溃。最终，卡斯特将军所率的分队全军覆没，他本人也阵亡了。

这是波兹曼小径沿线的最后一役，原住民大获全胜。两天后，特里率主力赶到，等待他们的只有第七骑兵团将士的遗体。然而，这也是北美洲原住民最后的荣耀了。疯马和坐牛虽然赢得了小大角河战役，但最终输掉了这场大苏族战争。美军以修建铁路为名，大肆捕杀草原上的野牛，断绝了苏族人的食物来源，疯马不得不率众投降，随后被处决。夏延人和阿拉帕霍人等苏族的盟友也纷纷被击破，迁入了保留区。

黑山最终落入美国人之手，后来美国人在黑山中一座叫拉什莫尔的山上开凿了四位总统的巨型雕像，把苏族的圣山变成了美国的总统山。苏族的萨满坐牛逃亡加拿大，后来获得特赦，返回了拉科塔人的部落，随部迁入了保留区。1890年，美军以坐牛散播"鬼舞"、阴谋叛乱为由，再度袭击在保留区内的拉科塔人。第七骑兵团在伤膝河边对放下武器的拉科塔人展开了进攻，报了

今南达科他州境内的美国总统山，曾为苏族人的圣地黑山的一部分

小大角河的一箭之仇，坐牛死于这场屠杀，从此西部原住民再也无力威胁美国。

波兹曼小径存在的时间不过短短数年，其中用作淘金者和移民通道的时间只有3年。然而它不仅见证了蒙大拿地区最初的开化，为蒙大拿引入了在后世驰名世界的牛种，还见证了北美原住民部落和美国扩张之间的矛盾和冲突，也是原住民面对来自东方地平线上的白人所做的最后抵抗的见证。同时，波兹曼小径也是美国西部活跃的最后一批小径之一，此后，连通东西海岸的铁路被修通，从此美国的交通进入了铁路和公路所主导的时代。

摩门教对西部的开发

　　谈到美国的犹他州，人们一般会有三个印象：荒漠、大盐湖、摩门教。摩门教目前在中国还不被认可，在美国的信徒数量也排不进前三，但这个教派却是在近两百年来，全球传播得最快的新教派之一。摩门教的官方名称是"耶稣基督后期圣徒教会"，总部在犹他州的盐湖城。然而，虽然名称里带有耶稣基督，但实际上它并不被基督教的其他教派认可为基督教的一支，而它的信徒们也和基督教的其他派系保持着距离。这个教派在美国西部的开发史中发挥过重要作用。

　　虽然现在摩门教的大本营在犹他州，但它却创建于1830年的纽约。摩门教徒从纽约逐渐西迁的过程，也是西进运动的一部分。其中，他们在密西西比河以西所走过的小路，被称为摩门教小径（Mormon Trail），是西进运动中著名的路径之一。这条路东启伊利诺伊州的诺伍（Nauvoo，也作诺府），西至犹他州的盐

湖城，全长约2 100千米，其中在基尔尼堡到布里基尔堡之间的
路段，和西进运动的主干线俄勒冈小径重合。

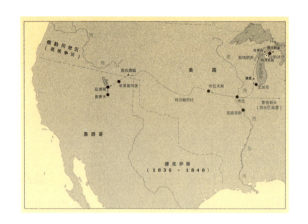

大觉醒和后期圣徒

摩门教的出现，和第二次大觉醒运动有关。北美历史上先后
出现过四次大觉醒运动（Great Awakening），其中前两次很重
要，它们都是提升宗教思想在人们日常生活中的地位的思想启蒙
运动，在宗教、社会、文化和经济方面都有着重大的历史意义。

第一次大觉醒是在美国建国之前的18世纪中期，在那次运动
中，基督教实现了自由化和个人化，宗教自由得以实现，因此基
督教在殖民地人们日常生活中的作用和地位都得到了显著的提升。
社会变得宽容，新英格兰等地对宗教思想的管制不复存在，曾经
被主流宗派打压的贵格会和浸礼会等也得到了长足的发展。教会

在各地开设了学院，这些学院发展到今天，大多数都成为历史悠久的名校（例如普林斯顿大学）。宗教和思想的自由不仅为殖民地吸引来了更多的移民，而且也减轻了不同殖民地之间的隔阂和矛盾，让北美的人民第一次有了认同感和归属感，为后来独立战争中的邦联制打下了情感认同上的基础。

18世纪末到19世纪初，也就是美国刚刚建国的时期，由托马斯·潘恩等人引入北美的启蒙思想，让科学、人权、自由、平等这些概念深入人心，从而淡化了宗教在人们生活中的作用。由于美国建立之初遇到的各种各样的困难，人们对国家和个人命运的关心减弱了对宗教的热情，而西进运动里，人们眼前一望无际的荒野，是上帝的福音尚未到达过的宗教荒漠，冲淡着人们的宗教热忱。因此，一场重振宗教地位的运动势在必行，第二次大觉醒运动便开始了。

第二次大觉醒运动开始的标志是浸礼会等教派在肯塔基一带的荒野布道活动。既然西进运动及"天定命运"唤醒了美国人的野性和对荒野的向往，那么被保守的公理会等教派所不齿的荒野布道活动也就不那么辣眼了。所谓的荒野布道活动，就是牧师们在肯塔基那没有教堂的荒野里建好营地，搭好帐篷，然后在营地的中央歇斯底里地进行演说传教。分散在荒野里各个据点中的人们从四面八方聚集到营地里来听牧师们布道，并且做祷告。在这一运动中，牧师们还强调只有虔诚地信仰宗教，才能拯救困境中的美国，才能发展和稳固美国的政治制度。在这一过程中，浸礼会等教派在阿巴拉契亚山以西的广阔边疆得到了迅速的发展，也

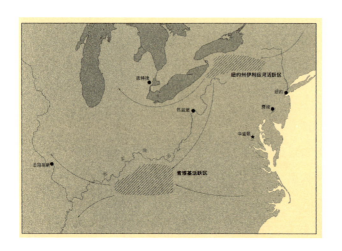

第二次大觉醒运动活跃区及传播方向示意图

为北美宗教的进一步世俗化做出了极大的贡献。

第二次大觉醒运动迅速在全国范围内展开，人们的宗教热情再一次被点燃。除了浸礼会等原有的教派向西发展壮大，一些新的教会也在这场运动里找到了发展的空间。此时，一个叫小约瑟·斯密（Joseph Smith Jr.）的人脱颖而出。1830年3月，在纽约州的一座小城市，24岁的斯密发表了《摩尔门经》。据他说，在他14岁那年，有好几个不同的基督教教派到他的家乡传教，但这几个教派对《圣经》的解读都各有出入。于是，他向上帝祷告，求上帝告诉他哪个教派才是真正的基督教。上帝告诉斯密，这些教派都不是，同时又把记载了真正教义的《摩尔门经》所藏的位置告诉了他。于是，斯密找到了用古埃及文字书写的《摩尔门经》，把它翻译成了英文，发表了出来，并宣称这是继《旧约》和《新约》之后的第三本真正的上帝约书，以此发起了后期圣徒运动。

　　后期圣徒运动是复原主义运动的一个分支，也是第二次大觉醒时期的重要运动之一。斯密并不是唯一一个号称找到了"真正教义"的人，除了他之外，还有许多宗教领袖试图跨越历来人们对《旧约》和《新约》的解读，希望恢复基督教最原始的状态。因此在这些宗教领袖的传播下，许多新的教派在第二次大觉醒时期诞生了，而斯密和他的《摩尔门经》也吸引了一些拥护者，他们认为斯密是新的先知，能带领他们去找到上帝最初的教义。这些人被称为后期圣徒（Later Day Saints），他们中的一支形成了一个新的教派——耶稣基督后期圣徒教会，也就是俗称的摩门教，这些人把《摩尔门经》《旧约》及《新约》并立为立教之根本。

　　由于《摩尔门经》动摇了基督教的《圣经》根本，因此其他教派都不承认摩门教是基督教的一员，而把他们当作异端。最初追随斯密的拥护者也少得可怜。1830年4月6日，斯密正式成立教会的时候，到场的人也只有五六十人而已，其中真正宣布加入他的教会的只有6个人。从这一天开始，摩门教走上了曲折发展的道路。

早期的挫折

　　由于被当作异端邪说，斯密和他的追随者们在纽约待不下去了，于是便和那些在东部因为没有土地、没有人脉而混不下去的落魄者们一样，把眼光投向了充满危险但也充满希望的西部大地。他们西行的第一站在俄亥俄境内、伊利湖南岸的小镇柯特兰。在那里，斯密试图创立一个像耶路撒冷那样的圣地，来作为自己的大本营，这个圣地被叫作新耶路撒冷，或者叫宰恩（Zion）。俄亥俄虽然在阿巴拉契亚山以西，但它拥有很多铁矿和煤矿，已经开始发展工业，人口也变得稠密，算得上是发达地区，那里仍然没有摩门教的容身之所。不久之后，斯密继续西迁到了密苏里州独立城一带，并把独立城所在的杰克逊郡设为新的宰恩。

然而，斯密在密苏里州也不受待见。1833年，密苏里的州长亲自下令，驱逐摩门教。斯密被迫再度启程，带领信徒们沿着密苏里河和密西西比河逃到了伊利诺伊州西部的沼泽地诺伍。他们排干了一小片沼泽的水，建立了诺伍小镇，于是诺伍成为摩门教的第三个宰恩。在诺伍，斯密总算是安顿了下来，他建立了摩门教圣殿，并开始向外派遣传教士，去各地宣传他的新教派。传教士们先是在美国各地传教，后来到了欧洲。结果，在欧洲的传教士们成功地吸引了大批的新信徒，这些人里有很多都跟随着传教士们，漂洋过海地来到了诺伍，迅速壮大着摩门教的队伍。于是，摩门教便形成了一

诺伍的摩门教圣殿

个传统：大多数美国的摩门教信徒都会学习一门外语，去其他国家传教两年，而且这样的异国传教，大多都是自费的。

到了1840年，摩门教的信徒已经达到了3万人，诺伍这个原本人迹罕至的沼泽，也发展成为伊利诺伊州西部的一座欣欣向荣的城镇。随着传教活动的进一步展开，许多有权有势的人也投到了摩门教旗下，其中还包括一些城镇的官员，以及驻扎在伊利诺伊州西部的一些将军，摩门教从之前人人喊打的弱势群体，变成了一股声势浩大的势力。此时的斯密已经逐步完善了摩门教的教义，改进了管理信徒宗教生活的组织。而他所创的教义中，便有日后颇受争议的，而且使人们长时间用有色眼镜看待摩门教的一夫多妻制。

摩门教的急速发展，让约翰·斯密开始有些膨胀，1842年，他宣布要建立一个摩门教的"千年王国"，并且这个王国要统治全世界。这一决定，让原本已经行情看好的摩门教，又一次变成了千夫所指的对象。基督教各派认为他们是异端邪说，政府认为他们居心叵测，各大媒体对他们进行了口诛笔伐。没过多久，先前下令驱逐摩门教的密苏里州长遭到枪击，有证据显示这次谋杀和斯密的一位私人助理有联系。密苏里州要求伊利诺伊州引渡斯密，于是斯密开始潜逃，最后在1843年被伊利诺伊州拘捕。但是伊利诺伊州以违宪为由，没有引渡斯密，不久之后将他释放。

获释的斯密并没有收敛，反而更加高调地宣布要致力于改革美国总统的选举制度，要让自己成为候选人。他手下的宗教激进派也纷纷对他表示支持，开始重点向政府职员们传教。宗教干涉政治，这是绝对不允许的，因此美国政府开始官方打压摩门教。斯密一看参选总统没戏了，便关起门来，在摩门教内部进行立法，组建武装，要和美国分庭抗礼。最终，由于摩门教成员间的内部矛盾，斯密的这场闹剧几乎演化成了伊利诺伊州西部的大规模兵变，伊利诺伊州再度逮捕了斯密。1844年，一伙反对摩门教的激进分子冲进了监狱，杀死了斯密。

杨百翰的西迁

斯密死的同时，他曾经指定的继承人也被杀死，摩门教陷入分裂，许多人都自称是斯密的继承者，其中势力最大的有三位：斯密的得力助手雷格顿（Sidney Rigdon），十二使徒定额组（Quorum of the Twelve，教会管理组织）的领袖杨百翰（Brigham Young）和人气颇高的传教士詹姆斯·斯特朗（James Strang）。教会选出的继承者是杨百翰，但投票的时候，由12个人组成的委员会只有7个人到场，因此导致了其他人的不服。

雷格顿带着追随自己的那一部分人离开了伊利诺伊州，返回了东部，在匹兹堡一带自立门户，形成了雷格顿会（Rigdonite），几年后散伙。斯特朗在和杨百翰进行了一番争执之后，也带着一部分人离开了。斯特朗的人北上到达了五大湖地区的威斯康星，创建了摩门教斯特朗派。斯特朗把自己的新总部设在了密歇根湖中的毕佛岛上，他自称毕佛岛的国王。

1853年，在毕佛岛附近的岸上，密歇根州的渔民们建了个小渔港（今沙勒沃伊），和摩门教徒起了冲突，7月13日，斯特朗率领手下的武装力量前去报复，在沙勒沃伊附近的松河边和渔民组成的防卫队打了一仗，史称"松河之战"。斯特朗将渔民击败，并劫掠了沙勒沃伊，为了息事宁人，密歇根州让他担任州议员，并把测绘毕佛岛的任务交给了他。斯特朗的这项任务倒是完成得很出色，他对毕佛岛的测绘成了当时美国测绘界的典范，至今仍被收藏在史密森尼协会的博物馆里。几年后，斯特朗遇刺身亡，这很有可能是沙勒沃伊的渔民干的。他的部众四散于威斯康星各地。他的摩门教斯特朗派至今还存在，大约有几百名信徒。

摩门教剩下的主体部分，归属在杨百翰麾下。由于长时间的内乱，诺伍已经倾颓不堪，杨百翰清楚地认识到，摩门教给美国造成了严重的负面影响，短时间内，美国人对摩门教的敌意和成见是不会消失的。于是，杨百翰决心继续往西走，到更远的荒野中去。1846年，3 000名摩门教部众庞大的马车车队组成了摩门教西迁的先头梯队，在杨百翰的带领下，浩浩荡荡地离开了诺伍。他们一路向西，走向了遥远的洛基山脉。出于各种原因，他们在布拉夫斯耽误了时间，远远落后于预定行程。杨百翰预计在秋天结束前翻越洛基山，最终却在冬天到来之际才赶到内布拉斯加，踏上了俄勒冈小径。由于过冬的准备不足，四百多人死于冬季的严寒。

开春之后，队伍继续西行。1847年7月，杨百翰的队伍到了布里基尔堡。杨百翰决定离开大路，往南进入墨西哥，让摩门教到一个新的国家去，在罕无人迹的荒漠里重新开始。离开布里基尔堡之后，他们很快就被高山阻挡，幸好前一年经过此处前往加利福尼亚，后来发生了惨案的唐纳一行在沿途留有标记，才让他们顺利地翻过了山区，来到了大盐湖所在的谷地。这片谷地虽然土地不算肥沃，但有小河流过，而且土壤和附近的荒漠比，也算不错了。于是，杨百翰和摩门教的追随者们在大盐湖附近安顿了下来，建立了据点，也就是后来的盐湖城。这便是摩门教的第四个，也是使用至今的宰恩。

可是杨百翰没想到的是，没过几年，这片土地便在美墨战争之后，被划归给了美国。于是，摩门教又回归了美国境内。好在此处远离尘嚣，人迹罕至，美国政府也鞭长莫及，因此摩门教得以在这里默默地发展。杨百翰一改斯密晚期的那些激进的、膨胀的、不切实际的政策，让摩门教回归正轨。他派出去的传教士在欧洲及世界其他地区，继续为摩门教带回了一批又一批的新信徒。由于摩门教始终在美国政府的黑名单上，因此即便后来有公路、铁路的发展，新来的教徒们要想到达犹他州，仍然得走杨百翰他们走过的摩门教小径。

随着新来教徒的不断加入，大盐湖附近的山谷人满为患。于是，教徒们再度踏上了征程，从盐湖城出发，向四面八方的山谷里渗透，所到之处，他们把摩门教传给了当地的村落，也把来自东部的农业和医疗技术带给了西部山区里的原住民部落。例如在19世纪70年代，一队摩门教徒从大盐湖北上，来到了爱达荷境内的蛇河平原。他们路过了当地原住民内兹·佩尔斯人的一个小部落，惊奇地发现这个部落种植的土豆长得非常好。经过询问，他们知道了这个部落种土豆的技术最初是几十年前一位长老会的传教士教给他们的。由于蛇河平原气温适宜土豆生长，附近有充足的冰川融水，土壤中的火山灰富含钾、铁、镁、锌等元素，因此这些土豆不仅长得大、口感好，而且营养价值很高。于是，这群摩门教徒把种土豆的技术传遍了蛇河平原上的各个部落和村落，开启了爱达荷大规模种植土豆的历史，让土豆成了当地人种得最多的农作物。从此，爱达荷便以盛产优质土豆而闻名，并延续至今。

杨百翰大学的普罗沃主校区

犹他州的摩门教总部

　　杨百翰是一位不错的宗教领袖，在他的领导下，摩门教逐渐走上了正确发展的道路，并持续地为犹他等地的开发做着贡献。他和摩门教部众们在西部以逃亡者的身份白手起家，把贫瘠的犹他大盐湖附近的山谷建成了美国西部山区最富饶、最宜居的区域之一，不能不说是一项壮举。杨百翰于1877年去世，在去世前，他组建了杨百翰大学，以提高摩门教信徒的教育水平，这座大学在今天是美国规模第三大的私立大学，其学员绝大多数都是摩门教信徒。正因为它的存在，摩门教在世界各地的年轻传教士，都拥有很高的教育水平。

　　1890年，在杨百翰的继任者们的努力下，摩门教和美国政府正式和解，并废除了一夫多妻制。这一年，他们的信徒人数超过了25万。从此以后，摩门教徒可以正大光明地出现在美国乃至世界各地，不再需要行走于小径来躲避别人，摩门教小径因而成为历史。为了纪念摩门教这个颇受争议的美国本土宗教的曲折历史，以及感谢摩门教先驱者们对美国西部山区的开发，摩门教小径被国家公园署列为国家历史小径，作为文化遗产受到联邦政府的保护。

工业时代的第八奇迹

　　号称世界第八大奇迹的工程有很多，纽约州北部的伊利运河（Erie Canal）便是其中之一。这条运河连接了哈德逊河畔和伊利湖，全长843千米，沿途经过30多个船闸，河道宽12米，最初深度约1.2米，于1825年10月建成，耗资约700万美元（约合现在1.6亿美元）。从规模和建设难度上看，伊利运河在那些号称世界第八大奇迹的工程里不算出众，但它的建成让美国的政治、经济和文化格局发生了巨大的变化，对推动美国的历史进程起到了关键作用。

伊利运河示意图

运河的修建

北美是一个物产丰富的大陆，其腹地的大平原有沃野千里，从殖民时代开始，那片水草丰茂的富饶之地就不断地吸引着人们。然而，北美的东西走向交通一直以来都困扰着那片土地上的人们，其中，在距离大西洋大约三四百千米之地，就有一条南北走向绵延上千千米的阿巴拉契亚山脉。能够通过这条山脉的道路少之又少，而且无一例外地曲折难行。拜阿巴拉契亚山的崎岖地形所赐，在19世纪之前，从纽约乘坐马车前往900千米以外的底特律，需要花上一个月，平均到每天的路程只有30千米，比步行快不了多少。

既然陆路不好走，有人就想到了水路。然而纵观北美东部的河流，如康涅狄格河、哈德逊河、特拉华河、利哈伊河、萨斯奎哈纳河、皮迪河、萨凡纳河等，大多数都是南北走向的，若论东西走向的主要水路，只有五大湖—圣劳伦斯河这么一条。五大湖水域广阔，互相之间也有河道相连，照理说通行船只毫无问题，一旦五大湖的水路打通，那么美国腹地的中西部地区[1]及大平原，便和大西洋对接上了。可惜的是，在伊利湖和安大略湖之间，有一道船只无法越过的屏障——尼亚加拉大瀑布。这条气势恢宏的瀑布向人类展现了大自然的神奇，却同时也给试图利用五大湖作为水道的人类出了一道难题。

1　地理意义上的美国中西部指五大湖周边及大平原北部的各州，大致范围东到俄亥俄州，西到内布拉斯加州。

在18世纪80年代美国独立战争期间，便有人提出，在瀑布上游、伊利湖边的布法罗附近开凿一条运河，将伊利湖和位于安大略湖南岸的重镇罗彻斯特连通起来，通过人工船闸的方式来帮助船只克服落差。然而由于当时战乱和经济困难，这个意见没有被采纳。到了19世纪初，美国的煤铁等重工业开始起步，此时，在东海岸工业和商业发达的地区和中西部的原料产地之间开设一条捷径，便迫在眉睫了。

于是，那个多年前的修建运河的提案再度被人想起。这一次，人们调整了思路，不仅要连接布法罗和罗彻斯特，还要连接罗彻斯特和位于哈德逊河畔的奥尔巴尼，这样一来，伊利湖里的船只不仅可以经过安大略湖和圣劳伦斯河，借道加拿大进入大西洋，还可以直接经运河进入哈德逊河，从纽约进入大西洋。这样的提案获得了重视，伊利运河委员会于1810年成立，负责规划和筹建运河。

伊利运河委员会隶属纽约州政府，名义上的主席是美国的开国元勋、美国宪法的序言作者古弗尼尔·莫里斯，但实际上管事的是时任纽约市市长的德维特·克林顿（DeWitt Clinton）。克林顿带着考察队前往纽约州北部测绘路线，经过几个月的努力，他们向纽约州提交了一份路线规划报告。次年，纽约州根据这份报告，修改了一些相关的法律法规，为运河的建造打好了基础。克林顿如此热情地规划伊利运河，其中一个原因是他在准备竞选美国总统，而伊利运河是他所能想到的能给美国带来最大实惠的工程。然而在1812年，克林顿竞选失败了，而且美英之间爆发了战争，伊利运河的修建被迫搁置。

在战争结束之后的1815年，伊利运河委员会召集旧部，在纽约市开会，重启了这个项目。然而因为战争，纽约州的财政陷入了困境，没有足够的资金来支持运河的修建。1817年，克林顿当选第六任纽约州州长，他代表纽约州向联邦政府陈述了修建伊利运河的种种好处，游说联邦政府提供资金。在他的努力下，麦迪逊总统批准了支付伊利运河修建预算的1/4，同时他也找到了一些外来援助，设立了运河基金。虽然钱还是不够，但克林顿仍旧坚定地让伊利运河的修建工程展开了。

运河开始修建后，遭到了很多人的质疑。有的质疑来自克林顿的政敌，特别是在政见上和他势不两立的"坦慕尼派[1]"（Tammany）和"鹿尾派[2]"（Bucktails），他们不顾一切地利用运河向克林顿泼脏水，声称修建运河是劳民伤财之举，并将这条运河称为"克林顿的大水沟"。还有的质疑是比较有意义的，比如有的人把修建中的伊利运河和18世纪修建的波多马克运河进行对比，来质疑伊利运河的作用。

波多马克运河是弗吉尼亚及马里兰的一系列运河的统称，其中最主要的是切萨皮克—俄亥俄运河。然而这条运河很不成功，因为技术和资金的限制，它原本要建到匹兹堡，以连接大西洋和俄亥俄河，然而实际上只修到了马里兰西北部的小镇坎伯兰，就

1　原为慈善组织，后卷入政界，反对克林顿所在的联邦党。

2　专门反对修建运河的一个组织。

因为无法翻越阿勒格尼高原（阿巴拉契亚山的一部分）而终止了。因此，这条运河的沿线除了原本就可以通航的首都华盛顿以外，再无重要城市，只有一些煤业小镇。虽然它替代了通航不利的波多马克河上游、加快了阿勒格尼高原上的煤炭运往大西洋的速度，但总体来说，这项工程无疑是一个作用不大的亏本买卖。

对第一种质疑，克林顿嗤之以鼻，而对第二种质疑，克林顿也不为所动。伊利运河的线路是他亲自带队规划的，沿线的莫浩克河谷和塞内卡湖等都是在阿巴拉契亚山中可以借用的天然水道，因此他对伊利运河全线的成功建设充满了信心。然而，最初的建设困难重重。两年过去了，规划全长八百多千米的运河，只有奥内达湖到尤提卡的24千米河段建成通航。照这个进度下去，估计30年才可以把伊利运河建完，人们的热情和信心都一落千丈，伊利运河很可能要步切萨皮克—俄亥俄运河的后尘，成为一个烂尾工程。

克林顿仔细分析了施工进度缓慢的原因，他发现最大的障碍有两个：第一是沿途要经过许多原始森林，千百年来在泥土里盘根错节的树根非常难以挖掘；第二是劳动力严重不足。对于第一个问题，克林顿和工程师们研讨之后，发明了一

伊利运河挖掘机

种新型的掘根机。这种掘根机由三个轮子和一条轴组成，两侧的轮子比中间的轮子略大一点，轴上则套有铰链和铁钩。在河道经过的原始森林里，当树木被砍伐后，工人们就让牛或马拖动这种掘根机前进，这一过程会产生很大的力，轴上的装置就能将树木残余的根部铲除。这种掘根机后来被用在了很多工程上，被称为伊利运河挖掘机。

对于劳动力的匮乏，新一批来自欧洲的移民帮了克林顿大忙。在修建运河的工人中，来自爱尔兰的移民担任了主力，其中很多是追随前辈移民，于19世纪初从爱尔兰北部的乌尔斯特地区来到美国谋生的苏格兰后裔。在这支生力军的帮助下，伊利运河的修建速度得到了极大的提升。当然，这些工人们也付出了很高的代价，比如在卡尤加湖附近的沼泽地区（雪城以西、伊萨卡以北），因为蚊虫众多，数百名工人在修建运河的时候死于传染病。

改变格局的通道

1825年，伊利运河全线开通。正如克林顿所想的，它的贯通在美国引起了巨大的反响，美国人也正式感受到了工业时代的来临。运河的过路费为纽约州带来了持续可观的财政收入不必多提，它还给纽约州及整个美国带来了很多变化。首先，最明显的变化就是交通。伊利运河的开通，让大西洋的船只可以直接进入伊利湖，进而前往上游的休伦湖、密歇根湖和苏必利尔湖。由于伊利运河的成功，宾夕法尼亚、俄亥俄、伊利诺伊等地纷纷开始建造运河，纽约北部也建起了更密集的运河网络。这些运河跟五大湖以及可通航的天然河流相连，让船只可以从东海岸直接进入密西西比河流域，从而将整个美国东部的水路连成了一个网络。

在地缘格局上，伊利运河导致了两个十分显著且重要的变化：第一是新奥尔良等一些老牌港口城市地位的降低；第二是纽约州北部以及五大湖沿岸的港口和城镇（例如奥尔巴尼、罗彻斯特、伊利、底特律等）地位的提高。从前的北美第一大港新奥尔良扼守着美国中部大平原上的唯一水运通道，形成了交通上的垄断，而在伊利运河开通之后，这一垄断不复存在，南方最后的一颗明珠也就此黯淡了下去，加剧了美国南方在经济和政治地位上的相对落后。

而五大湖沿岸则得到了极大的开发，丰富的煤炭、铁、铜等资源得到了利用和开发，于是五大湖沿岸成为美国工业化进程的大本营。在19世纪20年代到60年代，匹兹堡、扬斯敦、克利夫兰、密尔沃基等工业城市纷纷兴起，一座座矿场和炼铁炉在阿巴拉契亚山背后的中央低地平原上拔地而起，地理位置重要的芝加哥，更是由一个名不见经传的小村庄，一跃成为繁华的大城市。为了争夺伊利湖边的良港托莱多，俄亥俄和密歇根在1835年打响了边境战争（史称托莱多战争）。此战之后，俄亥俄获得了托莱多港，而作为补偿，联邦政府将原本属于威斯康星的上半岛划给了密歇根。获得了托莱多港的俄亥俄成了从五大湖水道上获利最多的州，而获得了上半岛的密歇根，后来也从在霍顿附近发现的纯铜矿里获益匪浅。

从伊利运河里获益最大的城市，要属纽约。在伊利运河开通之前，东海岸的纽约、波士顿、费城、巴尔的摩甚至诺福克都有成为经济和商贸中心的可能，然而伊利运河开通之后，纽约成了进入中部大平原的捷径，其地位可以媲美曾经的新奥尔良，这是其他几座城市所没有的优势。由此，许多驶往那几座城市的轮船，纷纷改变方向，朝着纽约集中，而商人们也随之将大本营往交通和物流最畅通的纽约靠拢。从此，纽约成为美国当之无愧的经济和商业中心，后来发展为金融中心和世界级城市，其地位无可替代。而其他几座城市则在伊利运河修通之后彻底失去了和纽约竞争的实力。费城和波士顿因为有浓厚的历史和文化积淀，还可以作为文化中心和区域中心城市，而以港口和货运立足的巴尔的摩和诺福克则遭到了和新奥尔良一样的打击，从此退出了一线城市的行列。至于那条切萨皮克—俄亥俄运河，在伊利运河修通之后便彻底没有了发展的希望，后来被废弃了。

除了城市格局的改变和工业的兴起之外，伊利运河对美国的经济还有更深远的影响。比如，伊利运河让美国的经济向着由消费者主导的经济转变，并为后来的美国经济格局奠定了基调。伊利运河建成之前，中西部和大平原的边民们基本上过着自给自足的生活。他们生产的粮食一部分运往新奥尔良出售，剩下的自产自销，而家具和衣物也都靠自己制作。伊利运河的修通让东海岸到中西部的运输变得更快，而且耗费降到了1/10，因此，许多以前只在东海岸才有的商品，可以被运送到曾经是一片荒野的中西部，这其中还包括产于大西洋中的生蚝，这在以前是不可想象的。中西部的边民们生产的农副产品也可以大规模地送往东海岸发达地区。结果是，大平原上的耕地越来越多，而东海岸和中西部的商品交换也越来越多。边民们将谷物卖到纽约，再从纽约买回农具、家具、服装以及别的商品，他们不再自给自足、自产自销，因此将美国的经济拉向了消费者主导的经济。

在文化上，伊利运河的开通给了第二次大觉醒运动一个很好的传播途径。上一章介绍过，第二次大觉醒运动是19世纪初的一次重新振奋美国人宗教热情的文化运动，纽约州西部是它的核心区域之一，这其中最重要的原因便是伊利运河的开通。在运河两岸兴起的小镇上，各个教派纷纷派人去这些教堂尚未普及之处传播福音，而一些新兴的教派也在这片新兴的土地上生根发芽，这其中就包括后来发展迅猛的摩门教。除了宗教在伊利运河沿线传播之外，很多新的思潮也在运河沿线涌动，例如早期的女权运动、废奴运动和乌托邦主义等，都在那一带新兴的城镇里找到了最初的支持者。因此，伊利运河的建设为美国文化格局的改变起到了推动性的作用。

南北对立的催化剂

伊利运河给美国带来的另一大改变却不那么正面：它加剧了美国南北对立的格局。除了新奥尔良的相对衰落以及五大湖的强势崛起之外，伊利运河的贯通让南北交界区的社会矛盾严重激化。在运河修建之前，南方人沿着密西西比河北上，在伊利诺伊、印第安纳和俄亥俄的南部建立起了种植园。和传统的南方一样，这些种植园需要大量劳动力，因此奴隶制就在这一带盛行起来。

伊利运河建成之后，中西部地区成为工业大发展的核心地带，伊利诺伊、印第安纳和俄亥俄等州先后进入了大工厂时代，机器和烟囱逐渐替代了农业庄园，成为当地的主流。由于新建的工厂需要工人，工厂主们看上了在庄园里干活的奴隶，因此便建议这几个州废奴，解放那些黑人，让他们成为工厂里的工人。这一派的主张和北方各州是一致的。这样一来，老牌的庄园主们就不干了，他们对于废奴是坚决反对的，而他们这一派得到了南方各州的声援。于是，分别代表北方和南方的、对于奴隶制持不同观点的两派人，在这几个州的南部地区狭路相逢，形成了水火不容的对立局面，社会矛盾急速激化，而且因为涉及核心利益，所以这个矛盾在当时是不可调和的。

同样的情况也发生在快速工业化的俄亥俄河流域，包括肯塔基以及弗吉尼亚的西部，以及处于中西部外围的密苏里州。密苏里州是一个蓄奴州，于1820年加入美国联邦。在它加入联邦之前，美国南北方各有11个州，因此双方围绕着这个州将成为自由州还是蓄奴州，还产生过激烈的争论。后来经过妥协，密苏里州以蓄奴州的身份加入了联邦，而为了平衡双方所控制州的个数，北方的自由州马萨诸塞一分为二，将它的缅因部分单独成立了自由的缅因州。然而当伊利运河建成之后，密苏里州在二十多年间快速地发展起了规模不小的工业，导致了支持奴隶制的人数比例在此州大幅度下降。

到了19世纪50年代，紧邻密苏里州的堪萨斯领地也因为蓄奴和废奴之争而爆发冲突，后来于

19世纪中叶的俄亥俄河谷工业区（作者：威廉·佩林）

1854年签署了"堪萨斯内布拉斯加法案"。这个法案表面上化解了矛盾，实际上是将南北矛盾勉强掩饰，推迟了大规模冲突爆发的时间而已。说到底，黑奴自由这个道义问题只是一句口号，真正导致后来南北战争的，是种植园与大工厂之间的经济和劳动力之争。而让这个矛盾蔓延至整个美国的导火索，便是伊利运河的修建。

南北战争爆发前夕，肯塔基和密苏里等地原本是蓄奴制，但工业化进程比较好的几个州宣布保持中立，而弗吉尼亚州西部靠近俄亥俄河谷工业区的20多个郡宣布，脱离站在南方一边的弗吉尼亚，自成一体保持中立，最终演变成现在的西弗吉尼亚州。这几个州的选择，让南方联盟的实力大幅削弱，也注定了南北战争南方失败的命运。

尽管伊利运河加剧了美国的南北对立，但总的来说，建造它的利是远远大于弊的。从它建成的那一天起，阿巴拉契亚山到密西西比河之间的广阔区域，特别是五大湖周围的中西部地区，便不再是美国的边疆，而和东海岸一样，成为美国的核心地带。它所触发的经济和社会的变化，也使美国踏上了向强国发展的第一

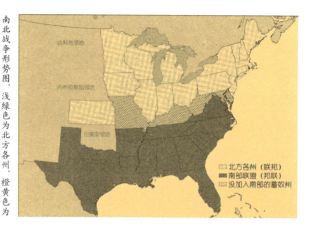

南北战争形势图，浅绿色为北方各州，橙黄色为南方联盟，深绿色为没有加入南方联盟的蓄奴州，其中包括密苏里、肯塔基和弗吉尼亚西部（后来的西弗吉尼亚）

步。中西部地区可以快速地工业化，形成五大湖工业区和城市带，和伊利运河是分不开的，因此很多人将伊利运河的开通，视作美国第一次工业革命的正式开端。

虽然克林顿在运河完成之前就从纽约州州长的职位上卸任，并且在两年后因为政敌的攻击，被迫在运河完工前夕离开了伊利运河委员会，但他极力主张修建伊利运河对整个美国所立下的功劳是有目共睹的，他也因此被视作纽约州历史上最伟大的州长，中西部有很多小镇和河流以他的名字来命名，他的母校哥伦比亚大学也以他的名字设立了美国历史研究的奖学金。

19世纪60年代，伊利运河完成了扩建，其宽度和深度几乎都加了倍，让更大型的船只得以通行。虽然在铁路和公路网发展成熟之后，伊利运河的地位有所下降，但它一直发挥着自己的作用。1918年，运河再度扩建，并被纳入了纽约运河系统的一部分。它的部分河段改了道，但大多数河段得以保留。扩建后，运河的深度达到4米左右，宽度达到37米，可以通行更大的船只。改造后的运河直到今天仍然可以通行，虽然它的交通价值已经不高了，但它成为纽约北部的水上消遣场所，河面上来往着观光船只和快艇。同时，它也是纽约北部和西部一些地区的灌溉水源。

牛仔精神与马背上的奇迹

西部牛仔是西进运动之后，美国西部荒野上那些勇于奋斗、为开发西部做出过极大贡献的先驱者。以吃苦、耐劳、勇敢、自由为核心的牛仔精神，也是早期美国精神的一种体现。如果要从留下众多精彩故事的西部牛仔里选出最有名、最传奇的一位，那就非水牛比尔（Buffalo Bill）莫属了。而他的经历，和美国西部历史存在过的一条短命但影响力极大的路有关。这条路便是"驿马快信之路"（Pony Express Trail）。

驿马快信是1860年4月到1861年10月这存在于加利福尼亚和密苏里两州之间的快递服务，而驿马快信之路则是这一年半里，快递员们送信时所选择的一条路。这条路的主干道全长约3 100千米，西到加利福尼亚的首府萨克拉门托，东到密苏里州西部的圣约瑟，途中有一些路段和西进运动时的大动脉俄勒冈小径重合。这条路要翻越内华达雪山和洛基山，也要穿过内华达和犹他的荒漠，把大平原和西海岸连接起来。

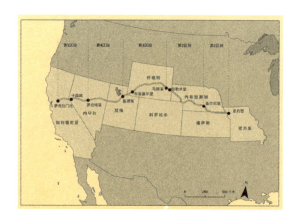

通往加州的快递

自从1849年的淘金热之后，加利福尼亚的人口就一直迅速增长。除了从四面八方涌入加利福尼亚的普通淘金者们之外，还有更多有技术的探矿者以及有钱的投机商们跟了过去，希望在这轮浪潮里分一杯羹。此时，从东部前往加利福尼亚，人们必须沿着俄勒冈小径或者南方的老西班牙小径西行。这些使用多年的小径，虽然发展成熟，比早期安全了许多，但是路况依旧很差，马车无法快速行驶。因此，加利福尼亚和东部的通信和货运便十分缓慢而困难。

1850年9月，加利福尼亚作为一个州加入了美国联邦，此时加州北部的人口接近40万，和东部的通信需求也多了起来，有两个名叫威廉的商人从中瞅到了商机。这两个威廉，一个是弗吉尼亚的威廉·瓦德尔（William Waddel），矿工出身，此时在密苏里州打工谋生；另一个是佛蒙特的威廉·拉塞尔（William Russell），此时在密苏里州开了一家杂货店。这两个人一拍即合，决定在俄勒冈小径的沿线经营运输和邮递服务。于是在1853年，他们成立了瓦德尔和拉塞尔公司。他们的第一笔订单是驻扎在堪萨斯的美军给的，但目的地不是加利福尼亚，而是南方的新墨西哥。于是，他们便在堪萨斯和新墨西哥之间当起了"军火搬运工"。

然而，此时的新墨西哥远不及加州繁荣，除了美军的订单外，两个威廉几乎接不到别的业务，生意十分冷清。1854年年底，他们跑完了手里最后的订单之后，便没有了客户。眼看着公司快要开不下去时，在1855年新年之际，他们在新墨西哥遇到了亚历山大·梅吉尔斯（Alexander Majors）。梅吉尔斯当时在圣塔菲小径上经营着自己的运输公司，主要是跑密苏里到新墨西哥的生意，他的业务比两个威廉的规模都大，手下有多达4 000名雇员，因为他有政府和军方的支持。两个威廉把成立公司、经营加州到密苏里区间的运输和邮递服务的想法和经历告诉了梅吉尔斯，希望死马当作活马医，想从梅吉尔斯那里得到一点资助。没想到梅吉尔斯眼前一亮，不仅全盘同意了他们的想法，而且还要入伙。

有了梅吉尔斯这个强援，两个威廉的事业起死回生。很快，瓦德尔和拉塞尔公司改名为瓦德尔、梅吉尔斯和拉塞尔公司，梅吉尔斯从圣塔菲小径上抽调了很多马车和雇员到俄勒冈小径上，并通过军方的背景接到了许多密苏里河加州之间的订单。三个人的邮递服务便这样开始了，他们分工合作：拉塞尔负责推销和宣传，瓦德尔负责管理财务，而最有经验的梅吉尔斯则负责人员和马车的调度。他们的事业进行得很顺利，很快，三个人便在密西西比河以西的区域形成了运输业的垄断。

随着垄断的形成，更多的订单找上了门，其中包括大量的军方订单。原来1857年，美军开始征讨在犹他一带越发壮大的当时还被当作邪教的摩门教。为了安全地给美军运送军火，梅吉尔斯等人在俄勒冈小径的沿途修建了临时储存货物的仓库和修理马车、更换马匹的驿站，这样，一条成熟的可以大规模运送货物的线路便逐渐形成了。

1858年，科罗拉多的派克峰一带被发现存在大量金矿，一时间原本杳无人烟的洛基山高原上，各种矿场和据点遍地开花。商业嗅觉灵敏的梅吉尔斯，立刻安排部下，从内布拉斯加的俄勒冈小径上，开辟了一条新支路，通往科罗拉多，以便在那里发展运输业务。就在这条支路上，梅吉尔斯想到了一个赚钱新招：快运。对于淘金者来说，时间和运气一样重要，为了抢在他人之前，召集自己的同伴来抢占金矿，他们愿意付出更高的代价来节约传递信息的时间。于是，在派克峰一带，梅吉尔斯的快递业务开始了，他们三个人的公司也有了一个子公司：派克峰快运公司（Pikes Peak Express Company）。

然而，梅吉尔斯这次失算了。快递的收费高，但成本同样也高，虽然最初派克峰这个子公司产生了不小的盈利，但后劲不足。他们的主要顾客目标是派克峰一带的淘金者，但由于派克峰一带的金矿非常小，很快便枯竭了，因此他们的生意很快就流失了，而快运所使用的马匹以及在沿线所建的仓库等的维护费用，让这个子公司入不敷出。梅吉尔斯知道如果再这样下去，不仅派克峰这个子公司要完蛋，就连他们的母公司也要被拖下水。在这样的困境下，梅吉尔斯灵光一现，驿马快信诞生了。

梅吉尔斯的想法是，派克峰的失败主要是因为高估了当地快运需求量的持续性。在早期需求量大的时候，派克峰公司赚了不少钱，但一旦需求量下降，顾客流失，快递路线便无法维持。那么，如果可以找一条需求量永远足够的线路，就可以一直拥有可观的盈利。而这条线路，就是两个威廉最初看上的从加州到密苏里的线路。于是，派克峰快运公司在一个月后改名为中加州内陆及派克峰快运公司（Central Over-

圣约瑟的驿马快信起点处的纪念雕塑

land California and Pikes Peak Express Company），在梅吉尔斯的经验和人脉的帮助下，这家公司在很短的时间内便开辟了新的道路、修建了中转站和货仓、增添了许多马匹，不久之后，它的主营业务驿马快信（Pony Express）正式诞生。

驿马快信的经营

驿马快信全长约3 100千米的主干线被梅吉尔斯分为五段，每段由不同的人负责。第一段东起梅吉尔斯的大本营圣约瑟，向西直到玛丽斯维尔，然后转向西北，和俄勒冈小径会合，到基尔尼堡为止。第二段沿着普拉特河一线西进，直到拉勒米堡以西的马蹄溪。这一段基本上和俄勒冈小径重合，只是在科罗拉多的东北角折向了乔尔斯堡，这是因为在规划道路的时候，梅吉尔斯手下的一位测量队长的马匹失窃，他带人追赶偷马贼，最终在乔尔斯堡将其截获。队长发现乔尔斯堡地势险要，他估计日后可能会成为一个军事和交通要地，因此便规划了这么一段弯路。第三段从马蹄溪继续向西，沿俄勒冈小径通往布里基尔堡，然后沿着摩门教小径和黑斯廷近道抵达盐湖城。第四段从盐湖城出发，沿着穿越犹他和内华达荒漠的中央内华达小径抵达洪堡河谷地区的重要水源地罗伯特溪。最后一段从罗伯特溪出发，经过卡森城，取道太浩湖南岸抵达萨克拉门托，这样就绕开了冬季难行的唐纳山口。抵达萨克拉门托之后，货物便可由已经发展成熟的加州道路或水路抵达旧金山。

驿马快信之所以快，主要是因为它采用了接力式的不间断传递，就如中国古代的六百里加急传递军情塘报一样。在这条主干线的沿线，梅吉尔斯设置了184个站点。这些站点根据其不同的作用，可以分为轮转站、换马站和休息站三类。轮转站互相之间根据路况，相距几千米到几十千米不等，它们负责货物及信件的周转，也是快递骑手每一天完成进度指标的参考地，还是更换备用马匹的地方。它们也帮助记录在每一天里，货物及信件所运输的距离和到达的位置，以便在出现意外事故或信件丢失的情况下进行调查，这就是如今邮政中的"追踪号"的雏形。换马站类似于古代的驿站，用于集中调养疲惫的马匹，以支援各个轮转站。休息站是快递骑手休息的地方。

这些站点，有的借用了美军的兵站，有的设置在城镇里，但绝大多数都设在荒郊野外，十分简陋。然而正是这些简陋的站点，保障了驿马快信这条最早的超长距离快递线路的正常运转。至少400匹马被安排在沿线的各个驿站，其中大多数是从堪萨斯一带驻守的美军骑兵团中选出的战马，剩下的则来自加州的几个养马场，这些马都是肩高矮于1.47米的矮种马，英文里一般称为pony，因此驿马快信的英文名为Pony Express，直译就是矮种马快递。

矮种马的优势是灵活，在洛基山区狭窄而崎岖的道路上可以快速奔驰，但它的缺点是负重能力不强。因此，驿马快信选择骑手的时候也非常苛刻。这些骑手的体重不能超过57千克，这样才能留出足够的负重空间给货物和信件。由于沿途有各部敌对的原住民的袭扰，以及还可能会遇到熊和狼等野兽，骑手必须要勇敢且熟悉枪械，还要会驾驭受惊的马匹。每个人每次任务要负责160千米左右的路段，平均的前进速度要在每小时20千米左右，每过一个小时左右就要抵达指定的转换站更换马匹。作为回报，骑手们的薪水也不少，平均每天跑一趟任务，可以得到3美元左右的报酬。在当时，东部工业区的普通工人的平均薪水大约是每天70美分。

在一切都布置妥当后，1860年4月3日，驿马快信的第一批快递急件从圣约瑟上路了。在第一位骑手"比利大叔"出发之前，包括圣约瑟市长在内的许多人都到场送行，梅吉尔斯也发表了一番演说，大家都对这条快递线路有着极高的期待。果然，驿马快信没有让人失望，这批从圣约瑟发出的货物和信件，仅仅用了10天便抵达了旧金山。就在同一天稍晚时，旧金山也发出了第一批往东寄送的快件，同样也在10天之后抵达了密苏里。西进运动的先驱者们花上数月甚至一年多才能走完的路，被驿马快信在10天之内跑完全程，在当时被看作"马背上的奇迹"。

可惜的是，由于记载的缺失，包括比利大叔在内的第一批快

第一批往东寄送的信件中的一封

一封失而复得的快信，信封上写着：1860年被印第安人劫走后夺回

递骑手的生平事迹，我们知道得并不多。然而，随着驿马快信的业务如火如荼地展开，越来越多的骑手出现在了梅吉尔斯他们公司的名单上，这其中不乏一些十分著名的人物，而最著名的当属水牛比尔。

西部牛仔的舞台

水牛比尔原名威廉·F.科迪（William F. Cody），1846年出生于大平原上的爱荷华，幼年时随家迁往堪萨斯地区。当时，美国南北之间的分歧十分严重，而介于南北之间的堪萨斯地区成了蓄奴与废奴之争的焦点。科迪的父亲支持废奴，在一次冲突中被人刺伤，于1857年去世。为了谋生，11岁的水牛比尔参加了工作，而他的第一份工作便是为前往犹他进剿摩门教的美军押送粮草。在此期间，科迪在西行的荒原上，有了骑马的机会，并深深地爱上了马背上的生活，因此他和马上生活结下了一生的缘分。

美军在犹他州和摩门教周旋的同时，也和西北地区的印第安人发生了冲突，科迪也在一次押运任务中，卷入了和印第安人的战斗。一次，他所在的马车队伍，遭到一股苏族人伏击，陷入了包围。眼看自己的一位朋友要被苏族人杀死，科迪端起枪，果断地扣下了扳机，击毙了袭击他朋友的苏族人，剩下的苏族人没想到美军的粮队里竟然有硬点子，便撤退了。从此，科迪有了印第安斗士的称号。

就在这次伏击后不久，科罗拉多传来了发现金矿的消息，科迪便离开了军队，想去淘金。在路上，他认识了梅吉尔斯的一位助手。这位助手当时正在规划驿马快信的路径，听说了科迪的经历和故事之后，便邀请他加入了梅吉尔斯的公司，用他的野外经验帮助自己，在野外寻找道路、规划站点。在科迪的帮助下，这位助手很顺利地完成了任务，并把科迪推荐给了梅吉尔斯。梅吉尔斯也很欣赏这位十多岁的少年，在驿马快信开通之后，就任命他为骑手，还要负责管理乔尔斯堡附近一段70多千米的路段。

15岁的科迪非常认真地接过了这项重任，并在这个职位上大显身手。他优秀的骑术盖过了所有其他的骑手，而他勇敢无畏的精神和精准的枪法也让附近的匪徒强盗以及印第安人闻风丧胆。来往信件和货物在他管辖的这一路段，从没有出过任何差错，反而时常提前送达。梅吉尔斯对科迪更是刮目相看，于是给他安排了一个更重要的任务，也是一个更大的挑战：把他调到了洛基山深处的一个路段。那里的山路崎岖难行，山中的印第安人也更具有攻击性。没想到，科迪在洛基山上打破了一项后人无法企及的记录。当他听说有骑手在山里遇袭之后，他独自一人骑马前去救援，虽然没能救回那名骑手，但他打跑了拦路的印第安人。这次行动中，科迪用了21小时40分钟，在洛基山里驰援了518千米，途中换了20匹马，这个速度不仅成为驿马快信历史上的记录，也是很多后来的骑马爱好者们试图打破却望尘莫及的奇迹。

就在梅吉尔斯想把科迪委以重用的时候，科迪的母亲生病了，他不得不向梅吉尔斯辞职，回家去了。后来在南北战争以后，科迪重出江湖，被美军名将谢里丹[1]招到麾下，参加了征剿苏族人的战争，为美国稳定西部边境立下了汗马功劳。在这一过程中，他作为优秀猎手，猎杀了草原上数千头野牛，断绝了苏族人的食物来源，逼迫苏族人投降，他因此获得荣誉勋章，并获得了"水牛比尔"的外号。然而和很多美军官兵不同，科迪很尊重印第安人的文化，反对把印第安人赶尽杀绝，因此虽然他是印第安人军事上的敌人，但他和许多印第安人的酋长有着不错的私交。后来他把自己的故事搬上舞台，在美国和欧洲巡演，让"水牛比尔"这个外号名声大噪，也让人们对美国西部留下了长期不可磨灭的印象。许多到西部野外探险考察的科考队，也纷纷邀请科迪担任向导，或者以他的戏剧作为野外生存知识的参考。苏族人的领袖，曾经击败过美国第七骑兵团的坐牛，还亲自参演过水牛比尔的舞台剧。科迪成了传奇人物，并成为美国西部牛仔的代表，正因如此，他所工作过的驿马快信之路，

坐牛和科迪

也被人称做西部牛仔之路。

科迪离开了梅吉尔斯，但驿马快信继续经营着，也获得了口碑上的一致好评。在经营驿马快信的同时，梅吉尔斯在西南地区的圣塔菲小径上的生意同样也在进行。此时的新墨西哥地区以及得克萨斯，人口数也开始激增，梅吉尔斯和两个威廉商量之后，决定在西南地区也同样开辟快递业务，连通密苏里和新墨西哥，直至得克萨斯。由于西南地区的路况不如俄勒冈小径，梅吉尔斯等人投入了大量的资金，然而没想到的是，1861年，南北战争爆发了，得克萨斯站在了南方的一边，脱离了联邦，并掐断了和北方的联系。梅吉尔斯等人在西南地区贷款进行的大规模投资让他们陷入了困境。

就在他们焦头烂额之际，更大的打击接踵而至：横跨北美洲大陆的电报系统也在1861年完成。电报的速度比驿马快信要快得多，它严重挤压了驿马快信的生存空间。于是在1861年10月，仅仅存在了一年半的驿马快信便匆匆走下了历史舞台。它的三个创始人也有不同的结局：威廉·拉塞尔于几年后在科罗拉多幸运地淘金成功，成为富豪；威廉·瓦德尔因为儿子在南北战争中阵亡而心灰意冷，在密苏里购置了一套别墅，想安度余生，但最终因为他支持废奴，被当地支持蓄奴的人迫害而最终破产，凄惨离世，他的别墅现在是美国注册的历史文化保护区；梅吉尔斯在南北战争之后隐居科罗拉多，晚年和水牛比尔重逢，并得到了水牛比尔剧团的资助。

虽然驿马快信匆匆而来又匆匆而去，但它在历史上的影响是不可小觑的。比如在经济方面，它带动了美国境内的快信业务的兴起。为了让东部，特别是纽约附近地区，能够和驿马快信无缝对接，纽约州的两位商人——亨利·威尔斯（Henry Wells）和威廉·法戈（William Fargo）——成立了西部快运公司，把辛辛那提、芝加哥、布法罗等城市和驿马快信的起点密苏里州相连。后来，这两个人的产业先后发展出了美国运通（American Express）[1]和富国银行（Wells Fargo）[2]两个商业巨头。其中，富国银行还继承了驿马快信的商标，将其变为富国银行押钞车及警卫的标志。

在文化方面，驿马快信的出现标志着西部牛仔文化达到了最后的一波高潮，让全世界都能通过这条邮路来认识遥远而陌生的美国西部，并成功地给美国西部及西部居民树立了狂野、不羁、拼搏、勇敢等刻板印象。它也推动了邮票的改革，随着驿马快信的骑手以及沿途的景观被印到邮票上，人们开始意识到邮票上除了印一些名人的肖像之外，还可以印很多有趣的东西，从此，邮票就逐渐地从墨守成规的简单纸票，转变成了多元化的文化载体。1992年，驿马快信的通道被国家公园署列为国家历史小径。2015年，在驿马快信开通第155周年的那一天，谷歌把首页的标志换成了特别版，来纪念这段西部荒野中的历史。

---

1 美国最大的旅游业服务公司，同时也是一家综合性金融和财务公司。

2 全球市值最高的银行。

林肯公路：
美国的主干道

　　美国是一个车轮上的国家，几乎家家户户都拥有汽车，公路系统更是非常发达。现在的美国有两套主要的长距离公路系统。一套是成立于1926年的美国编号公路系统（US Route，也叫美国国道系统），另一套是形成于1956年的州际公路系统（Interstate Highways）。美国编号公路系统覆盖的城镇更多，而州际公路系统的道路设计标准更高，一般为高速公路。除此之外，每个州还有自己州的编号公路系统。这些长距离城际公路组合在一起，形成了一张非常密集的公路网，将美国本土的48个州的每一个郡、每一座城市都紧密地联系在了一起。

　　那么，美国人是从什么时候开始大规模地修建这些道路的呢？第一条长距离的路又是哪一条呢？这就要从20世纪初兴建的林肯公路说起。林肯公路（Lincoln Highway，又译为林肯高速路）是美国第一条连接东西海岸的横跨大陆的公路，它东启纽约的时代广场，西到旧金山的林肯公园，穿越14个州，全长约

5 200千米，途径费城、匹兹堡、奥马哈、夏延、盐湖城等大大
小小700多座城市，也横跨了沿海平原、阿巴拉契亚山、中央低
地、大平原、落基山脉、科罗拉多高原、犹他大盆地、内华达雪
山、加州中央谷和海岸山脉等美国的几乎所有地形区。

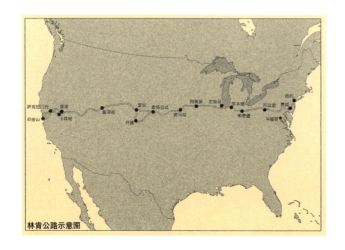

林肯公路示意图

林肯公路示意图

林肯公路的设想

很长时间以来，美国西部广袤的领土上，人烟稀少，交通发
展也比较缓慢。从19世纪初的西进运动到19世纪后期的工业革命，
美国人先后在那广阔的荒原上开辟出了许多可供马车通行的小径，
以及横跨大陆的铁道。然而，马车效率低下，火车灵活性较差。
比起城镇密集的东海岸，西部的很大区域，在20世纪初依旧是交
通图上的空白。火车加马车这种看起来很不搭配的交通工具组合，

却在长达几十年的时间里是美国西部最为可靠的交通方式。这样的交通状况成为西部发展的一大阻碍。不过，这种情况被一项造福了全世界的发明所改变，那就是汽车。

汽车究竟是谁在什么时候发明的，一直是个有争议的话题。比如有人声称，清朝康熙年间来华传教的比利时神父南怀仁，在北京发明了一种用蒸汽驱动的车辆，是汽车最初的雏形。目前主流的观点把汽车的发明归功于法国人居纽，他在1771年发明了一辆带着大汽炉的三轮车；而成熟汽车的鼻祖则是德国人卡尔·本茨，他于1886年造出了世界上最早的由内燃机驱动的汽车，而他的公司到后来发展成了汽车界巨头奔驰公司。

不过，如果要问是谁首先把汽车推广到普通人的生活中，那毫无疑问是美国人亨利·福特。1908年，福特率先采用了流水线生产方式，将他的公司设计的T型车进行大规模生产，降低了成本，让这款车的零售价从最初的每台八百多美元，降低到了两百多美元，成为美国中产阶级可以轻松负担的消费品。从此，汽车走进了美国人的生活。福特采用流水线生产后不到10年，他的T型车就在美国卖出了超过50万辆，后来又很快增长到了100万辆。

福特公司的T型车

在T型车的诸多特点里，有一个特点是它的底盘距离地面高达30英寸（约0.76米），因此它能克服较差的路况，在西部的荒野小道上行驶。于是人们便开着这种车向西部出发了。不过，由于西部那些用于马车行驶的小路实在过于简陋，路面不仅凹凸不平，颠簸得让人难受，还经常因为过于泥泞或者湿滑而难以通行，于是各地纷纷出现了平整道路的呼吁，"好路运动"（Good Road Movement）在全国迅速蔓延。

实际上，"好路运动"在汽车出现之前就已经存在了。早期"好路运动"的主力是自行车骑手，他们从19世纪80年代起，就呼吁政府平整城市和乡村道路，让自行车骑行更安全舒适。特别是有些去过欧洲的人，看到欧洲各国政府都把道路维护得很好，于是也呼吁美国政府向欧洲各国学习。当时的美国处于镀金时代（Gilded Age）的后期，资本主义飞速发展，垄断各行各业的寡头公司和商业信托不断出现，商人们纷纷向钱看，政府腐朽不堪，上层社会充满了贪婪，许多关系到平民百姓生活的事情，包括基础设施的落后和环境污染等问题，却遭到了忽视。于是，许多人也借着"好路运动"来表达自己对上层社会拜金主义的不满，希望唤醒政府对平民生活的关注。

20世纪初，汽车司机们加入之后，"好路运动"达到了高潮，声势浩大。人们不仅要求重新平整城市和乡村的道路，也要求在辽阔的西部荒原上铺设像样的、可供汽车行驶的道路。此时的美国，已经逐渐进入了进步时代（Progressive Era），商业垄断被打破，环境污染得到了治理，平民的意见得到了重视。于是，在西部修路的话题得到了广泛关注。

但是罗马不是一天建成的，这么广大的西部，不可能一下子建设出覆盖全境的道路网。在当时，人们考虑的是怎样规划并建设好第一条道路。印第安纳州的卡尔·费舍尔（Carl Fisher）发挥了巨大作用。费舍尔是一位早期的汽车制造商，为了对自己设计的汽车进行实地测试，他在印第安纳波利斯修建了一条2.5英里长的平整封闭道路。后来他发现，汽车在平整道路上的性能表现，要比在泥路上好得多。于是为了更好地推广自己的产品，他联络了几家同行，商议着筹资修筑一条从东海岸到西海岸的水泥路，这样不仅能让汽车的性能有更大的发挥空间，还能满足"好路运动"中人们的需求，让人们对这些汽车公司抱有好感，进而扩大自己的销售量。

在观摩了费舍尔的封闭公路之后，大多数汽车商认可，筹钱修路是个不错的决定。于是在经过仔细的商业调查和分析之后，他们拟订了一个修路方案：从纽约到芝加哥，再到旧金山。这条路的名字就叫"从海岸到海岸的石头高速路"（Coast to Coast Rock Highway）。这条路预计耗资一千万美元，在当时对这几家汽车制造商来说，只要联合起来是完全可以承受的，于是大家决定说干就干。

但是，有一家汽车制造商提出了不同意见，他就是福特。福特认为，修路是肯定要修的，而且不只修一条。如果他们自己集资修路，一条、两条甚至五条、十条都没问题，但问题是，路是修不完的。到最后，人们会觉得汽车制造商修路是天经地义的，他们把路修到旧金山，洛杉矶的人会不满意，修到洛杉矶，西雅图的人会不满意，到最后他们会出力不讨好。修路这件事，他们要做的是加入"好路运动"的人群，去要求政府出面来做。

大家认为福特说的话很有道理，于是在他们的共同努力下，国会拨了款，建设连接东西海岸公路的计划正式被排上了日程表。1913年，筑路委员会在已经有了汽车之城雏形的底特律成立，主席是当时汽车界德高望重的退伍军人亨利·乔伊（Henry Joy，曾参加过美西战争），副主席是费舍尔。这条路的名字也由最初蹩脚的"从海岸到海岸的石头高速路"变成了林肯公路，因为乔伊认为，这条路会让美国不同的部分保持紧密的联系，就像林肯总统曾经统一了北方和南方一样。这条路也是官方向林肯致敬的第一项工程，甚至比华盛顿特区的林肯纪念堂都要早上几年。

在筑路委员会成立并选举费舍尔为副主席的时候，他并不在场，而是已经前往西部规划道路去了。这次旅行被称为"胡希尔之旅（Hoosier Tour）"，费舍尔沿着一条由印第安纳州本土原住民胡希尔人走过的小径，进入了西部的堪萨斯和科罗拉多。他觉得这条胡希尔小径地形平缓，适合修路，于是便对堪萨斯和科罗拉多的许多官员说，这条路会从他们的州里经过。这些官员们无不欢欣鼓舞，并且都花钱赞助了他的这次旅行。

然而在仔细研究之后，费舍尔改变了主意。他起初以地形为选择路径的第一指标，但后来他把第一指标改为了方向。他希望这条路越直越好，这样就可以缩短东海岸到西海岸之间的行车时间，让更多的人愿意进行这样的长途之旅，进而促进自己的汽车销售。至于地形，当时的工业水平已经不再是19世纪的水平，除非极端的地形，剩下大部分地形地貌都是可以用大型的桥梁或隧道来克服的。同时他发现，在地形允许的范围内，纽约到旧金山如果取尽量直的线路，还可以绕过包括底特律和丹佛在内的许多大城市，以及当时正在逐步变得热门的黄石公园等景区。在费舍尔看来，这是有好处的，因为避开了尽量多的大城市和景区，就可以避免交通拥堵。但这样的规划，则把堪萨斯和科罗拉多排除在外了。

　　费舍尔将路径的规划保密了很久，因为当时他想得到美国政府尽量多的支持，同时也不想让科罗拉多和堪萨斯等州政府失望。最终，当一切计划妥当之后，这条路的规划由筑路委员会的主席乔伊在1913年底的政府年度会议上向大家做了公布。在公布林肯公路规划图的那一天，公路要经过的城市无不欢呼雀跃，有的城市还举行了盛大的庆典和游行。而堪萨斯和科罗拉多的人民则非常沮丧，科罗拉多甚至有人抱怨本地政府不作为，让这条可以带来交通便利、促进经济发展的路得而复失。这反映出了当时这条路的众望所归。这次会议正好是在科罗拉多的泉城举办的，被群众骂得不知所措的科罗拉多州长在会后找到了乔伊和费舍尔，在他的恳求下，乔伊暂时同意在路过科罗拉多北方的时候，让公路分出一个岔道来，连接科罗拉多的最大城市丹佛，科罗拉多州长这才向人们交了差。

　　然而，很多其他城市和地方政府听说公路为了科罗拉多而修了岔道，纷纷写信请求筑路委员会也照顾他们一下。两个月的时间里，乔伊和费舍尔收到了上千封这样的来信。他们一一婉拒了这些请求。于是有的地方政府联合起来发表声明，抗议筑路委员会给科罗拉多开后门。这样的抗议最终让乔伊和费舍尔决定大家一视同仁，取消了对丹佛的特殊照顾，当时那条弯道已经开建，也被叫停了，后来被草草建成了一条连通丹佛的小路，在路口还专门有提醒过往车辆的牌子，指明去往丹佛的那条路不是主路。

所谓兵马未动粮草先行。路还没有正式开建，乔伊和费舍尔就在沿途的城镇里设立起了林肯公路办公室，俗称公路大使馆，用于帮助和救援在路上遇到困难的车辆。而路呢？除了在建设这些大使馆的时候，在城与城之间开辟出来的小土路，以及一些原有的小径被稍微改造之外，人们想象中的表面平整的水泥大路并不见踪影。那些小土路基本不适合行车，开上这条路的车一般都要带好四五个备胎。久而久之，沿途的居民着急了，办公室修好了，说好的水泥路却不见踪影，这路到底还修不修呢？其实，乔伊和费舍尔也很着急，不是他们不想修水泥路，而是资金出问题了。

路开始建设的时候，像堪萨斯和科罗拉多这样空欢喜一场的地区，在确认公路不经过自家门口之后，撤出了自己投入的资金。并且，由于当时美国汽车界的领头羊福特表示自己只专心生产车辆，不想参与此事，联邦政府的热情一下子就掉下来了，说好要拨的款，也只拨了一小部分就停了。乔伊和费舍尔不想让这条路变成烂尾工程，他们当机立断，把政府拨款全都退了回去，因为反正那些钱也不够。然后，他们开始在规划路线的沿途发起一系列演说，动员沿途的政府、居民和商人们一起想办法筹资，把这条路建起来。

乔伊和费舍尔为沿途的居民普及了道路交通和城市建设之间的

关系，并且为他们描绘了一幅公路修通后，他们所在的村庄和小镇将迎来美好未来的蓝图。然后他们又找到了公路沿途的政客和商人，为他们分析了这条路会为本地的经济带来哪些好处。这两位不愧为顶级商人，口才过人，他们成功地说服了沿途各地的人们，让大家自主参与到修建道路这件事上来。其中，他们说服很多小城市的重要原因是，这条路的建设需要大规模地使用水泥，而生产水泥的产业在当时是一棵炙手可热的摇钱树，中西部有很多发展得不错的工业城市，都是在工业革命期间以水泥生产起家的。这条路的建设可以带动沿途各个小城市的水泥生产业的发展，因此乔伊和费舍尔得到了许多沿途城镇官员的支持。

1914—1920年，沿途各地陆续用水泥将林肯公路铺设完毕。各地居民在建路的过程中，也对道路的路线有所微调，许多地方被裁弯取直。那些被从路径上裁掉的城镇多少有些不满，于是也自主地开始修筑支路，后来许多这样的支路形成了别的高速公路，比如在俄亥俄附近的以沃伦·哈定总统命名的哈定高速公路，在盐湖城以西沙漠地带形成的温多佛高速公路，以及从盐湖城直接向西南通往洛杉矶的箭头公路等。

箭头公路由犹他州政府直接资助，犹他州资助这条公路的目的是和临近的内华达州抢生意。犹他州和内华达州都位于沙漠地带，急需吸引外资。如果按照林肯公路的原路线，公路在离开犹他州盐湖城之后，很快就会进入内华达州，并且通往其最需要发展的腹地，把从东边来的车辆和现金都带走；而如果按照箭头公路的路线，这条路走对角线穿过犹他州，就有助于发展犹他州的腹地，也有助于犹他州留下更多的来往车辆和现金。犹他州政府动用了特权，在箭头公路全线修成之后才批准自己境内的这段林肯公路修建。他们同时也在箭头公路沿线修建了很多旅馆和娱乐设施。

箭头公路果然带动了犹他州的经济，让其他各州看到了发展高速公路的好处，让其眼馋不已。由此，美国拉开了各地大量修建高速公路的序幕，各州的州级道路系统开始发展。箭头公路除了为犹他州带来了利益，也成为通往洛杉矶的第一条主要交通要道，为当时规模还小的洛杉矶发展为美国第二大城市打下了基础。并且，后

林肯公路最高点，位于怀俄明的著名隘口南线通道，海拔单位是英尺（怀俄明州公路系统网）

公路沿途的旅馆，照片中可见，当时已有二十多年历史，并在1910年左右进行了改组的可口可乐公司，已在美国西部荒野里开辟了市场

来它也为拉斯维加斯的诞生做出了一定的贡献。如今，这条路因为连通了诸多国家公园，成为美国西部的一条旅游热线，也成为原本是它的打压对象内华达州的历史保护项目。

让美国坐上汽车

1921年，林肯公路基本建设完毕，而美国各地的高速公路也开始兴建。美国国会意识到了当年的撤资是多么愚蠢，于是他们亡羊补牢，推出了《联邦高速公路法案》，规定只要各州建设的道路达到一定标准，就能获得联邦政府的补助。而对于乔伊和费舍尔来说，正如他们所愿，高速公路的修建促进了汽车的销售，让原本就行情不错的汽车产业得到了更好的发展。当林肯公路还在建设的时候，一位来自加州的女作家，沿着还坑坑洼洼的土路，驾车完成了第一次横跨北美洲大陆的自驾旅行，并把沿途的旅行日志和游记出版发行，在美国引起了轰动。不久后，一些东海岸的著名杂志开始赞助旅行者，沿着林肯公路进行穿越北美大陆的旅行，并把他们的经历整理成文字，做成专栏文章发表。当时十分流行的西部电影和牛仔文化也旁敲侧击，驱使着东海岸的许多有钱人驾车去西部旅行。从此，人们对驾驶的乐趣和沿途的景色充满了向往，长途公路旅行由此开始，并在后来成为美国人的一种独特的度假方式。从此，美国成为车轮上的国家。

水泥路面的林肯公路修通了，长途公路旅行也热门起来了，但很快，人们的抱怨又来了。原来，林肯公路的路面虽然平整了，但沿途的配套设施却没有跟上。由于许多路段由当地居民自行施工，路径被改变，导致了公路地图错漏百出；沿途的路标、路灯、休息室、加油站的配套状况也很难令人满意。这些疏漏导致早期自驾游客的旅行体验大打折扣。而且，虽然这条路众望所归，但并不是沿途所有的人都对这条路持欢迎态度。怀俄明州的牧民们就苦不堪言，因为自从这条路修通以后，他们饲养的牲口就经常会被车辆撞伤或撞死。久而久之，厌恶这条公路的情绪在农场密布的怀俄明州南部蔓延开来，一些脾气暴躁的牛仔们甚至开始用枪支来威胁过往车辆。为了缓解这个矛盾，怀俄明政府建立了铁丝网来保护农场，但这也给过往车辆带来了不便，因为每穿过一个农场，司机都必须停车去开关铁丝网的大门。从夏延到罗林斯的这段路上，司机甚至需要停车开关农场大门多达二十几次。

于是人们得到一个结论，高速公路还是需要州政府以及联邦政府进行统一的规划管理，才能让它们发挥出最大的功效。于是在1925年，美国成立了高速公路和交通官方联合会（AASHTO），开始统一规划全美国的公路交通系统。这个新系统，联合会决定用数字来编号。这是因为，在此之前，长距离公路的命名没有统一标准。林肯公路因为得到了大家的公认，尚未遇到麻烦，许多随后建设的道路，有很多明明是一条路，却在不同的城市被叫作不同的名字，比如前面提到的温多佛高速公路，也有很多人叫它胜利公路；而有的明明不是同一条路，却为了同一个噱头，被命名为一样的名字，比如有好几条通往南方腹地（传统上称为迪克西兰）的公路被称为迪克西公路。这样的命名很容易误导行人。而如果全国范围的公路都按照同一套系统进行编号，这样的困惑就可以减少了。

　　1926年，美国公布了新的高速公路编号规则。东西方向建成或规划的几条主干线，被定为10的倍数，从最北边的10号公路到最南边的90号公路。南北方向的主要道路被编为尾数是1或5的号码，大西洋沿岸的第一条南北主线为1号公路，而西海岸的最后一条南北主线为101号公路。剩下的非主线公路，则被按照南北走向为奇数，东西走向为偶数，数字由东向西、由北向南渐增的规则来编号（但也有少部分例外情况）。这就是美国两大全国性公路系统中的美国编号公路系统（即美国国道）的诞生。

　　随着美国编号公路系统的诞生，长距离公路开始在全国范围内兴建，各州也先后拥有了州级公路的规划系统和编号规则。这样一来，人们对林肯公路的热情就大打折扣了。由于林肯公路的路线规划并不十分合理，因此在和美国国道的竞争中，很快就衰落下来。它的大部分路段都被编号公路系统所吸纳，其中有2/3的路段被编为30号公路，剩下的路段中，部分被列入了40号和50号公路；最东侧从纽约到费城的纵向路段被纳入了1号公路。而一些实在不合理的路段，要么被改建，要么被废弃了。在林肯公路沿线的最后一次大型活动，就是消除带有林肯公路标志的旧路标、添加美国国道标准设计的新路标。在这一过程中，林肯公路的筑路委员会还专门添加了类似于"这条路不通往×××"的标志，告诉人们林肯公路的使命已经走到了尽头，一些路段已经改道或者不再使用。

　　林肯公路的两位主要创建者乔伊和费舍尔，他们的公司在林肯公路建成后都获利匪浅，而他们个人后来也各自有很大的成就。乔伊收购了一家摇摇欲坠的汽车企业，在他的精心经营下，这家企业

纳入国道系统的林肯公路路段被保留至今（怀俄明州公路系统网站）

林肯公路沿线的林肯雕像，由怀俄明大学的艺术系于1920年代创作（怀俄明公路系统网站）

后来发展为豪华汽车品牌帕卡德。晚年他步入政界，为美国废除禁酒令做出了很大的贡献。费舍尔后来又开发了南北走向贯穿全国的迪克西公路，并看中了公路尽头处、海边沼泽地里的一座小城，对其进行了规划和房地产开发，这座城市就是今天的迈阿密。他在印第安纳波利斯的那条测试车辆用的路，后来被用作赛车比赛的赛道，并发展成今天著名的印第500竞速比赛（Indy 500）[1]。在受到20世纪30年代经济大萧条的打击后，他开始关心穷人的生活，在佛罗里达的一个小岛上建立的著名的加勒比俱乐部，成为无家可归者的

1　与摩纳哥大奖赛和勒芒耐力赛并称世界三大汽车赛事。

避难所。

20世纪40年代，林肯公路寿终正寝，但汽车却成为美国人生活中不可分割的一部分。虽然林肯公路只存在了二十多年，但它从根本上改变了美国人的出行和生活方式。它所引发的连锁反应，让美国拥有了国道系统，使美国西部各州的交通得到了极大的改善，从而也使西部的经济和社会文化发生了翻天覆地的变化。洛杉矶、雷诺、夏延等原本规模很小的城市，在林肯公路以及随之而来的美国国道的影响下，发展成了西部重镇。公路旅行文化以及内华达州博彩业（包括后来的赌城拉斯维加斯）的兴起，也和这些公路的出现息息相关。虽然林肯公路很短命，但作为美国第一条横贯东西的公路，它被人们誉为美国的主干道，而吸纳了它主要路段的30号公路，至今为止也是美国东西方向公路交通最重要的一条路。

圣塔菲铁路

在如今美国西部的广袤大地上，有一个支线众多的铁路系统：伯灵顿北及圣塔菲铁路网络（BNSF Railway Network），它是密西西比河以西最重要的铁路系统，也是美国全国范围内的第二大铁路系统。这个铁路系统填补了美国西部铁路交通的空白，而作为它前身的埃奇森—托佩卡—圣塔菲铁路（俗称 A.T. & S.F. 铁路，以下简称"圣塔菲铁路"），为美国西南地区的发展做出了无可替代的贡献。

圣塔菲铁路的主线东到堪萨斯州东北的埃奇森，西到新墨西哥重镇圣塔菲附近，其延伸出的支线则连通了芝加哥、休斯敦和洛杉矶等西部重要城镇。这条铁路的建成让原本贫瘠偏僻的新墨西哥有机会作为一个州正式加入美国联邦。也正是因为这条铁路，让连锁餐饮得以风靡全美。

圣塔菲小径：互通有无的商道

　　圣塔菲铁路的历史可以进一步追溯到曾经在西南地区繁荣一时的圣塔菲小径。圣塔菲小径是美国西进运动时期的诸多重要小径之一，开通于19世纪20年代，连通密苏里和圣塔菲所在的新墨西哥。那时，圣塔菲还属于刚从西班牙独立的墨西哥。在西班牙统治时期，为了避免美国移民的渗透，圣塔菲地区和美国之间的边界被封锁。这一举动导致曾经繁华的边境重镇圣塔菲物资供给紧张，甚至出现了日常用品匮乏的情况。1821年，墨西哥独立以后，边境的封锁被解除。于是，来自美国的商人纷纷涌入了圣塔菲及附近城镇进行贸易，这条路径逐渐形成了。

19世纪40年代北美西南小径示意图

圣塔菲小径西起沙漠重镇圣塔菲，东到今天密苏里州堪萨斯城附近的独立城，全长约1 400千米。其中，在堪萨斯的拉恩堡以西，它分为南北两条支线：北方的山地支线（Mountain Fork），经过有美军长期驻扎的老本特堡，虽然路程较远，且路况较差，马车通行不易，但比较安全；南方的西玛隆支线（Cimarron Fork），路途比较近，马车可以快速行驶，从而节省十来天的旅程，然而沿途都是沙漠，几乎没有水源，而且这条路上的人还要面对原住民的袭扰，因此走的人比较少。

历史上，美国西南部是属于西班牙人的殖民地，归新西班牙总督区管辖。西班牙人在寻找黄金、开拓疆土、征服印第安人的过程中，设立了许多据点。其中最重要的，要属1610年建立的圣塔菲。它一度是新西班牙北部的核心据点。它不仅扼守着当地沙漠中的重要水源圣塔菲河，也是西班牙人在其北美殖民地北部驻军和传教的支点，还是和控制密西西比河流域的法国人进行交易的前哨站。在西班牙殖民时期，圣塔菲一度发展迅速。

然而，到了18世纪后期美国建立后，事情起了变化。不断西进的美国人，让新西班牙警惕起来。当美国从法国手里买下了密西西比河以西的路易斯安那地区之后，新西班牙宣布关闭其北方的边界，以防其人口稀少的北部区域被美国人渗透，同时也保证母国西班牙对其殖民地的贸易领导和控制权。这样的政策导致孤悬在北方沙漠地带的圣塔菲以及附近的阿尔伯克基等据点陷入了困境。距离新西班牙核心区域墨西哥十分遥远的圣塔菲，无法及时获得来自墨西哥城的补给资源，以前他们的很多物资都靠和法国人的贸易获得。当边境关闭以后，圣塔菲等地开始货物奇缺，就连基本的生活必需品也开始供应紧张。

1821年，墨西哥从西班牙帝国独立，圣塔菲成为墨西哥的一部分。和西班牙人不一样，墨西哥人对来自美国的移民持欢迎态度，他们开放了北部和美国之间的边境。同年9月，一个叫威廉·贝克奈（William Becknell）的美国商人，带着几位助手来到了墨西哥境内。他们在圣塔菲附近遇到了正在带兵和纳瓦霍人作战的一位墨西哥将军。这位将军把贝克奈等人引荐给了圣塔菲的官员马尔加莱斯。

这时的墨西哥刚独立，马尔加莱斯听说有商人从美国来，非常高兴，热情款待了贝克奈一行人。此时，贝克奈提出，要开辟一条商路通往美国，这样双方可以互通有无，进而重振圣塔菲的经济。这个观点和马尔加莱斯一拍即合，于是，一条连通圣塔菲和密苏里的商路便应运而生。

为什么要让圣塔菲连通密苏里？有四个原因。第一是距离相对较近。当时，美国国境的西部，大部分地方是人烟稀少的荒野之地，按照当时的国境线，最适合和圣塔菲建立联系的就是密苏里地区。当时的密苏里，除了有"西部之门"圣路易斯外，还有独立城（今堪萨斯城附近）等一系列城镇或据点，算是中部大平原上最发达的地区。第二是密苏里行情看好。1820年妥协案之后，密苏里正式以州的身份加入美国联邦。这时的密苏里百业待兴，机遇无数，无论是市场条件还是优惠政策都很有优势。第三是交通网。密西西比河与密苏里河在圣路易斯附近相会。密西西比河是一条几乎全线通航的河流，连通了密苏里，就基本连通了整个密西西比流域。从独立城上船后，船只可以南下到达新奥尔良；可以北上去往威斯康星和明尼苏达；也可以沿密西西比河的另一支流俄亥俄河，前往宾夕法尼亚，进而靠东部地区发达的交通网络连接纽约等重要城市。而一旦和新奥尔良以及纽约搭上关系，那么圣塔菲就找到了和欧洲甚至全世界进行贸易的途径。第四是贝克奈的个人偏好。贝克奈是美国人，曾经参与过1812年美英战争，战后在西部经商，大本营设在密苏里的小镇富兰克林。新西班牙的边境管制让他的生意很受影响。当墨西哥开放边境之后，他就立刻想到要去圣塔菲发展自己的生意。因此，一条连通圣塔菲和他大本营的商路，自然是有必要的。

第二年1月，贝克奈带着马尔加莱斯的祝福和期盼离开了圣塔菲，返回密苏里的富兰克林。在圣塔菲停留期间，贝克奈把带来的货物卖了个精光，赚了不少钱。临走前，马尔加莱斯让他

圣塔菲、密苏里和宾夕法尼亚、纽约之间的交通示意图

尽早带着更多货物回来，因为圣塔菲的商品供应实在是太缺乏了。民间盛传，贝克奈刚回到富兰克林，他驮在马上的几个口袋突然散开了，众目睽睽之下，袋子里面的银币纷纷滚落在街道上，撒了一整条街，整个小镇沸腾了。无论这个传说是否真实，有一点是肯定的：贝克奈去圣塔菲赚得盆满钵盈的故事，从此在密苏里路人皆知。密苏里的商人纷纷打起了圣塔菲的主意。于是从这年起，大量密苏里商人涌入了墨西哥境内。逐渐地，他们走过的路形成了一条商道，这便是圣塔菲小径。

从圣塔菲小径的诞生开始，圣塔菲便和美国商人及美国商品紧紧联系在了一起。虽然墨西哥的核心部分人口密集，墨西哥城更是北美洲最大的城市之一，但圣塔菲远离墨西哥的核心区域，中央政府鞭长莫及，来自本土的商品也很难满足圣塔菲的需求。逐渐地，圣塔菲小径上行人络绎不绝，被人称作"西南高速路"。圣塔菲由墨西哥的北方重镇，变成了美国人进入墨西哥的前哨站和跳板。这里面不仅有商人，到后来还出现了前往墨西哥北部开荒的农民，甚至还有士兵。

当然在早期，商人还是最多的。前面提到，密苏里交通条件好，在圣塔菲小径上运输的商品，很多是来自纽约和五大湖等发达地区，甚至还有来自大西洋对岸的英法等国的货物。这些货物的质量和种类——尤其是布匹、衣物、纽扣、围巾、针线、刀叉、斧子等看起来不值钱，但需求量极大的商品——是墨西哥的土产品所无法企及的，相当受欢迎，有时候甚至连运送这些货物的马车，也被墨西哥人一并买走了。因此，当圣塔菲的消费需

圣塔菲小径上的 "马火车"（Wagon Train）

圣塔菲小径上的 "马火车"（Wagon Train）

求空间逐渐饱和之后，其南部的各个城镇纷纷成了美国商人的新市场。来自密苏里甚至纽约、费城的商人沿着西班牙人曾经走过的其他小径一路向南，到达了奇瓦瓦城、瓜纳华托、萨卡特卡斯等地，最终直抵墨西哥城。墨西哥北部刮起了经久不衰的美国风，圣塔菲小径上也一直车水马龙。

在墨西哥人积极购买美国商品的同时，圣塔菲小径也向美国输送了一些重要物资，其中最重要的是银币。墨西哥是世界级的产银大国，中国近代题材的电视剧里常出现的所谓"大洋"，指的就是来自墨西哥的银币——墨西哥鹰洋。19世纪20—30年代的美国，在总统安杜鲁·杰克逊的"努力"下，形成了臭名昭著的"分赃制度"，政府里派系

墨西哥鹰洋

林立，贪污腐败横行，中央银行被抵制，全国经济陷入长时间萧条，社会矛盾非常严重。塞米诺战争和对印第安人的驱逐行动更加剧了财政和社会危机。来自墨西哥的银币缓解了美国的经济危机，同时让西部的密苏里州在一片萧条中生机盎然，成为吸引美国人西进的璀璨星光，为缓解和转移东部的社会矛盾起到了很大的作用。

同化墨西哥北部

圣塔菲小径将墨西哥北部和美国在经济和文化上紧密地连系在了一起。在圣塔菲小径的带动下，很多别的小径也纷纷得到发展，通往加利福尼亚及得克萨斯等地。大量美国商人和垦荒者通过这些小径涌入了墨西哥，很快就改变了墨西哥北部的人口结构：美国人在当地反客为主，在人口数上反超了墨西哥人。

美国移民给墨西哥带来的不仅是人口结构的改变，还有社会和文化的美国化。其中，这一现象最严重的是得克萨斯。当地移民大多数来自美国南方，他们带来了美国的基督教，以及美国南方的奴隶制。这就让墨西哥很不爽了。1833年，圣塔·安纳上台成为墨西哥的领袖，这位独裁者很快就对墨西哥北部的美国移民采取了强硬措施：这些美国移民要想留在墨西哥，就必须学习西班牙语，改信罗马天主教，提高税收，并且要废除奴隶制。

这几项规定受到了美国移民的反对，尤其是加税和废奴这两点，在以美国南方人为主的移民群体里捅了马蜂窝。在遭受到墨西哥军队的试探性侵扰，以及见识了圣塔·安纳在墨西哥其他地区施行的雷霆手段之后，不愿意坐以待毙的美国移民决定先发制人，于1835年底宣布得克萨斯独立，建立了孤星共和国。墨西哥随即出兵进剿，但在阿拉莫要塞（圣安东尼奥附近）遭到了得克萨斯军队的阻击。驻守在阿拉莫的得克萨斯军以全军覆没为代价，用绝对劣势的兵力阻挡了墨西哥军半个月，为得克萨斯军队主力的集结和部署争取了宝贵的时间，也极大地鼓舞了得克萨斯人的士气。随后，得克萨斯军主力在圣哈辛托战役中击败了墨西哥军队，还俘虏了亲自领军的圣塔·安纳。墨西哥被迫承认了得克萨斯独立的这一事实。十年后，在得克萨斯的领袖萨姆·休斯敦及美国的约翰·泰勒和詹姆斯·波尔克两任总统的运作下，得克萨斯作为一个州加入了美国。这一举动再度惹恼了墨西哥。1846年，墨西哥以解决和得克萨斯之间的边界争端为理由，主动发动了对美国的战争，美墨战争就此爆发。

美国的史蒂芬·基尔尼（Stephen Kearny）上校率领其麾下的一支绰号为"西部大军"的骑兵，从圣塔菲小径直接杀入墨西哥境内，犹入无人之境。和墨西哥其他地区的激烈反抗不同，圣塔菲一带的墨西哥人对基尔尼上校的这支军队持中立甚至欢迎的态度，原因主要有两个：第一是当地美国移民很多，在美国人的长期影响下，文化认同上更偏向美国；第二是基尔尼上校向当地居民许诺，自己的军队会为当地人摆平困扰他们多年的原住民纳瓦霍人和阿帕奇人的威胁。

在当地人的配合下，基尔尼上校控制了墨西哥北方的重镇圣塔菲，而圣塔菲小径则成为十分重要的战略物资补给线，为在墨西哥腹地作战的美国士兵源源不断地送来武器和药品。在如此完善的后援保障下，美军于1848年攻破了墨西哥城，赢得了战争。

美墨战争的结果是，墨西哥彻底失去了其北部大约一半的领土，而美国则获得了将近200万平方千米的土地（比我国新疆的面积还大），这些土地包括今天的得克萨斯、新墨西哥、亚利桑那、犹他、内华达、加利福尼亚等州，以及科罗拉多州和怀俄明州的一部分。这也让波尔克总统成为历史上为美国带来领土最多的总统（除这些土地之外，波尔克还为美国带来了俄勒冈地区的领土），今天美国国土面积的1/4都是波尔克时期取得的。原本生活在这些土地上的人，九成选择成为美国公民，剩下的少部分选择了墨西哥。其实这也并不奇怪，因为这些地区的人口里，本来就是美国移民及其后裔居多。

西部铁路之父

新墨西哥成了美国领土，却没有和得克萨斯一样，获得成为一个州的待遇。由于它经济落后、人烟稀少，只能作为一个领地（territory）存在，达不到加入联邦的条件。新墨西哥多次向美国国会发出建州的请求，但都被驳回了。新墨西哥人不甘心，想方设法地发展经济，吸引更多人前来定居。

然而，由于其终年炎热干旱的恶劣气候，除了前来垦荒的落魄者外，很少有人愿意到当地居住。而且，由于国境线的改变，

19世纪中期的圣塔菲

曾经良好的商贸市场不复存在，前来经商的人数也直线下滑。至于发展经济，新墨西哥境内确实有许多优质的矿产资源，但仅仅凭一条运力有限的圣塔菲小径，很难把开采出的矿产卖往别处。就在当地人束手无策时，北部的"邻居"科罗拉多给了他们一个重要启示：铁路。

　　19世纪70年代，为了给修建横跨北美大陆的太平洋铁路做准备，联合太平洋铁路公司把铁路建到了科罗拉多高原上。从此以后，冒着浓烟的火车运载着大量的货物、建材、军火，驶向了洛基山脉。火车的运力和速度是小径上的马车望尘莫及的。短短几年，成百上千的据点、旅店、商铺、城镇在洛基山上遍地绽放，科罗拉多领地的人口数量也一再上升，到了1876年，那片原本荒无人迹的高原便达到了条件，作为美国第38个州正式加入联邦。

施工中的圣塔菲铁路

科罗拉多出人意料的发展，让新墨西哥的人们认识到了铁路的效率和工业的力量。于是他们找到了下一步的发展方向：把铁路引到圣塔菲来。其实，为新墨西哥修筑铁路的想法在1859年就有了，那一年里，后来管理圣塔菲铁路的公司便已经成立。但在之后的很长一段时间里，人们始终缺乏动力去完成这条铁路的规划，直到他们看到了科罗拉多的成功。

圣塔菲小径为铁路的修建提供了几乎现成的路线，上千千米的铁路规划和建造，短短两三年便完成了。1880年，铁路正式开

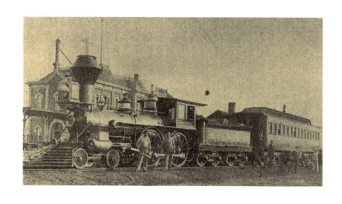

通，新墨西哥从此鸟枪换炮，进入了铁路时代。然而，铁路的修通并没有让新墨西哥立刻实现加入联邦的愿望。1888年，新墨西哥再度向国会提交了加入联邦的申请。这次和他们一起提出申请的，还有华盛顿、蒙大拿和怀俄明，同样是人口稀少的领地。四家领地一同提出申请，最终有三家获得了通过，在接下来的两年里相继加入了联邦，而那个被刷下来的倒霉蛋，又是新墨西哥。这是为什么呢？

原来，虽然圣塔菲铁路确实促进了新墨西哥（特别是圣塔菲到阿尔伯克基的核心地带）的经济发展，让当地的人口有所增加，但美国人的心里对新墨西哥的感情还是很复杂：这片区域是军人们在战场上浴血厮杀夺下的，当然是不可分割的一部分，然而它的文化及人口组成，和美国的其他地区相比，又有很大的区别，不像是美国的一部分。

因此，在当时的新墨西哥，最流通的语言是西班牙语，最常见的食物是墨西哥的豆类，最流行的文化还是和拉丁美洲一样的文化，甚至用的货币还包括墨西哥鹰洋。正因如此，新墨西哥在当时还是许多逃犯和亡命之徒的绝佳藏身之处，充斥着暴力和血腥。对于这样一个"怪胎"，其他州的美国人表示很难接受，因此才一再驳回新墨西哥的请求，让它保持领地的状态，而不允许其建州。

新墨西哥人对美国的态度很失望，但他们并没有放弃，而是开始了下一步行动：给圣塔菲铁路修支线，让铁路覆盖新墨西哥更多的区域，在火车的带动下，逐渐加强新墨西哥和美国内地的联系，同时让新墨西哥在文化认同上向美国的主流靠拢。于是，各条支路纷纷兴建，不仅通向了新墨西哥境内的各个城镇和矿场，还积极地和其他铁路系统进行对接。这样，事情的转折便很快到来了，而帮了新墨西哥大忙的是加利福尼亚。

　　加利福尼亚也是被美国占领的原墨西哥领土，但和新墨西哥相比，它是幸运的：不仅因为靠近大海、气候宜人，而且还有金矿。在疯狂的淘金热之后，加利福尼亚已经住满了来自美国本土的移民，文化认同感和美国其余各州基本无二，因此它在1850年便顺利加入了联邦。1865年，几个铁路巨头成立了南太平洋铁路公司，修筑了一条以洛杉矶为核心，北通俄勒冈，东到得克萨斯的南太平洋铁路。这条铁路的线路太重要了，以至于南太平洋铁路公司在加州脱颖而出，几乎形成了对加州铁路的垄断。

　　加州政府中，很多官员都有铁路背景，南太平洋铁路的垄断，让他们十分眼红，却又无能为力。1881年，圣塔菲铁路和南太平

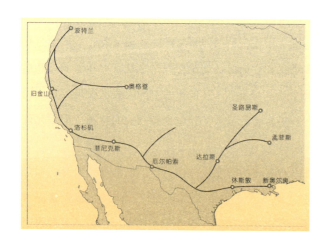

南太平洋铁路示意图

洋铁路进行了对接，组成了继太平洋铁路之后的第二条横跨大陆的铁路线，此举更加提高了南太平洋铁路的地位。在恼火之余，加州官员们却看好圣塔菲铁路这个欣欣向荣的新系统的前景，并与其展开了谈判。他们支持圣塔菲铁路另开支线，使新墨西哥和加州直接相连，而不通过南太平洋铁路。如果此线建成，圣塔菲铁路的利润将会显著提高，而南太平洋铁路的垄断地位将不复存在。

在加州的鼎力支持下，圣塔菲铁路直通加州的支线于1897年开通，打破了南太平洋铁路的垄断（值得一提的是，南太平洋铁路公司最终在几十年后被圣塔菲铁路的继承者吞并）。同时，圣塔菲铁路的其他支线也修筑完成，连通了美国铁路的枢纽城市芝加哥以及南方大城市休斯敦，成为美国密西西比河以西最重要的铁路网。

圣塔菲铁路的壮大，让新墨西哥受益匪浅。在铁路强大的运

圣塔菲铁路及其主要支线示意图

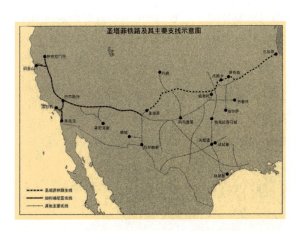

力下，新墨西哥丰富的矿产资源被开采出来，销往全国各地，让新墨西哥走出了贫穷的困境；跟随铁路而来的，是巨大的潜在市场。圣塔菲这座历史悠久的城市，迎来了第二个春天，再度成为一座以商贸和交通运输行业为主的中心城市。铁路同样也带来了文化上的交流，美国主流文化氛围在新墨西哥越来越浓，同时，一些东部学者也坐着火车来到新墨西哥，研究新墨西哥的历史文化，促进了双边的交流和相互理解。新墨西哥逐渐从一个特立独行的"问题儿童"，变成了和美国其他各州相差无几的正常区域，融入了美国的主流文化圈。

终于，新墨西哥多年的夙愿达成。1912年1月6日，新墨西哥获准加入联邦，成为美国的第47个州。在总统宣布接纳新墨西哥之后，全州上下一片欢腾，各城镇都举行了盛大的庆典。州府被选在了圣塔菲，当地官员们迫不及待地拿出了一面早已准备好的美国国旗，挂在了政府大楼的门前。

塔夫特总统签署文件，同意新墨西哥加入联邦

路上的美国史

美国国旗上的每一颗星代表一个州，因此每当有新的州加入，国旗就会改动一次，但每次改动，都必须要走程序让国会批准，才会被正式承认。圣塔菲这面47星版的国旗，是新墨西哥人自己提前设计好的，尚未得到国会的认证，便被挂了出来。可是，这面国旗再也等不来获得认证的那一天，因为在2月14日，位于新墨西哥西侧，同样因为圣塔菲铁路的修建而得到快速发展的亚利桑那，以美国第48州的身份加入了联邦，成为美国本土的最后一片拼图。国会直接认证了48星版的国旗。于是，挂在圣塔菲的那面47星版的国旗，"光荣"成为美国历代国旗中最短命的一版，只存在了39天。

舌尖上的铁路：连锁餐厅的鼻祖

如果说新墨西哥和亚利桑那加入联邦，是圣塔菲铁路众所周知的贡献，那么促成美国连锁餐饮行业的诞生，就是圣塔菲铁路被遗忘的贡献，而这一贡献其实影响更为深远。如今，美国的连锁快餐遍布全球，而它们的源头要从在圣塔菲铁路沿线起家的传奇商人弗雷德·哈维（Fred Harvey）说起。

哈维是英国人，生于伦敦，成长在利物浦，1853年移民美国，最初在纽约的一家餐厅打工。由于工作出色，他获得了老板的赏识，并成为老板的朋友。老板把自己开餐厅的经验毫无保留地传授给了哈维。在老板看来，一家餐厅想要经营成功，最重要的有三点：合理的价格、良好的服务态度、新鲜食品。这三点在当时并没有在餐饮行业获得重视，特别是新鲜的食品，在纽约这种大城市还可以商量，可是在其他地区，即使餐厅想保持食材新鲜，也因为成本太高而做不到。但哈维却对老板的话深以为然。

哈维没有在餐厅工作很长时间，但这段经历为他日后的人生路线打下了基础。后来，哈维跟随西进的人们到达了圣路易斯，在那里成了家，南北战争后在铁路公司工作。由于工作需要，哈维经常坐火车出差。当时的火车上，没有食物出售。长途旅行的乘客们要想找吃的，只能在到站的时候，或者趁火车加水的时候，在铁路附近寻找小店铺购买。而铁路沿线的那些小店铺，出售的食物经常是难以下咽的冷豆子和不新鲜的肉，但价格又常常贵得离谱。曾经从事餐饮业的哈维突然灵机一动，觉得在铁路线上做餐饮行业的生意，是一个巨大的商机。

1876年，圣塔菲铁路的堪萨斯部分路段基本建成。这条新的铁路沿线，基本没有餐馆和店铺，乘客只能在加水站购买简单的食物。随着客流量的增多，加水站的食物供不应求，圣塔菲铁路的一位主管决定，在铁路沿线找人合作开饭馆。他找到了早有此想法的哈维，两人一拍即合，哈维在铁路公司的支持下，在圣塔菲铁路沿线开起了餐厅。

1880年，圣塔菲铁路的主线全程贯通，而哈维的餐厅也一家接一家地开起来了。哈维一直牢记那位老板的话，并以其为自己经营餐厅的准则。首先是合理的价格，但对不同收入的人来说，对于价格的接受程度也是大不相同的，什么样的价格是合理呢？哈维认为，合理的价格，其实不仅是要做到契合市场，而且还要做到统一。同样的食品在各个地方的标价应该相同，不能在堪萨斯一个价，在圣塔菲另一个价。为了做到这一点，他把他的所有餐厅进行统一管理，统一制订价目。成本高的地区少赚的钱可以通过成本低的地区多挣的钱补回来。为了推广这一理念，哈维把自己在不同地点开设的餐厅统一命名为"哈维屋"（Harvey House），制订了同样的菜单，并且把不同的店铺都按统一的标准进行装修。就这样，"连锁店"这个概念便形成了。

其次是良好的服务。在当时那个餐饮行业还未发展健全的时

哈维屋的标准装潢

H-4493—FRED HARVEY RESTAURANT, UNION STATION, LOS ANGELES, CALIFORNIA

代，餐厅的服务员常常是非常粗鲁的。为了改变顾客的这个刻板印象，哈维作出了一项创新：聘用年轻女性来担任服务员，让她们统一着装，并且在就职前要进行统一培训。第一批女雇员是由哈维亲自在堪萨斯选拔的，这些女雇员不仅年轻貌美，身高相仿，而且都有较高的受教育程度。在哈维的培训下，这些女服务员非常机敏能干，效率高，也善于取悦顾客，而且由于统一的着

装，让许多在不同哈维屋用过餐的顾客产生了"我对这位服务员似曾相识"的错觉，拉近了顾客和餐厅的距离，也改善了顾客的消费体验。这些女服务员后来被人们称为"哈维女孩"，而这一模式后来也被其他餐馆借鉴，现在餐厅里服务员的统一着装和礼仪培训，就是从"哈维女孩"开始的。

哈维屋的标准着装（图片来自哈维博物馆）

而哈维最大的贡献是改变了当时餐饮业食材不新鲜的这一缺陷。最初，哈维也为无法持续提供新鲜食材而发愁，但有一次他看到一列驶向圣塔菲的货运列车从门前经过，突然眼睛一亮：门前的圣塔菲铁路不正是为自己提供新鲜食材的最佳帮手吗？于是他找到了圣塔菲铁路的主管们，提出了自己的想法：利用火车为沿线的哈维屋每天提供新鲜的食材。

由于哈维屋的开设提升了乘客的旅途体验，而新鲜食材会让这个体验进一步改良，圣塔菲铁路的主管们认为值得这么做。于是他们决定，免费为沿途的哈维屋新增一趟货运专列，专门提供新鲜食材。从此，哈维屋不再囤积大量的肉类和蔬菜，而是每天都有新的食材送上门来。这样一来，哈维屋在圣塔菲铁路的沿线彻底成为餐饮业的龙头公司。其他餐厅完全无法与哈维屋竞争，要么请求成为加盟店，要么也学习哈维，改善服务态度，降低价格，并利用火车来运送新鲜食材。对于他们，铁路公司不再免费运送，而是要收取运费，这也为圣塔菲铁路带来了额外的收入。

在哈维屋的带动下，圣塔菲铁路所到之处，餐饮行业一片兴旺。原本十分偏僻落后的西南地区，在餐饮服务上却成为美国首屈一指的区域。哈维因此被人誉为"让西部进入文明时代的人"。美国其他地区的餐厅，在看到西南地区的成功之后，也相继采取了哈维屋的模式，大量连锁餐厅被开设，人们在餐馆吃到的食物也都变得新鲜起来。后来，为了进一步改善圣塔菲铁路上旅客们的旅途经历，哈维无私地向铁路主管们建议，在客运列车上增加一节专门出售食物的车厢，这样乘客们就不必下车去找吃的了。于是，餐车就此出现，后来被世界各地的客运列车所采用。

哈维于1901年去世，他的哈维屋连锁店持续发展，圣塔菲铁路继续和哈维屋深度合作。随着分店的不断增多，专列的运量和

哈维去世前所拥有的连锁店

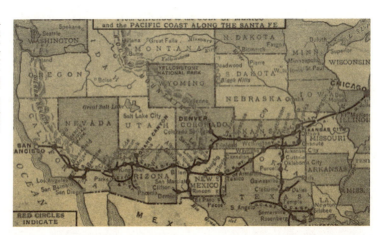

批次也不断增加，比如根据哈维屋公司的记录，在1907年，圣塔菲铁路为各地的哈维屋运送了50万磅火腿、10万磅培根、30万磅黄油、15万磅猪油、30万磅咖啡、80万磅土豆、100万磅砂糖、648万枚鸡蛋等，也就是在那一年，哈维屋成为美国最大的公司之一，最终成为分店遍及全美的餐饮帝国，直到1968年被其他公司并购。

与此同时，圣塔菲铁路也不断地壮大，不断吞并其他的小型铁路公司，发展出了现如今覆盖整个美国西部的BNSF铁路网络，成为美国继联合太平洋铁路公司的铁路网之后的第二大铁路网系统。它的前身圣塔菲小径的遗迹在后来被国家公园署接管，成为受联邦政府保护的历史小径。

宾州主线：
老工业区的兴衰史

　　美国中西部在19世纪中期进入了工业时代，煤铁、制造、玻璃等产业成为五大湖地区的经济支柱，让它们从最初的荒野和沼泽，变成了烟囱林立的工业城市带。而在同一时期，这片欣欣向荣的工业区还催生了美国历史上最重要的铁路系统——宾夕法尼亚铁路（以下简称"宾州铁路"）。

　　宾州铁路在19世纪后期和20世纪前期的客运量，是美国其他几大主要铁路系统的三倍。在极盛时期，宾州铁路总里程数高达17 000千米，覆盖了宾夕法尼亚、俄亥俄、纽约和弗吉尼亚等好几个州。在这个铁路系统中，最著名也最重要的，是连接费城和匹兹堡的宾州主线铁路（Main Line）。

主线工程

　　主线铁路的前身诞生于19世纪30年代。那时由于伊利运河

的开通，纽约一跃成为东海岸最繁忙的港口。曾经也是重要交通枢纽的费城，逐渐地失去了核心城市的地位，这对正在发展煤铁产业的宾州来说，是个不小的打击。为了重振费城，宾州政府决定也修建一条东西走向的通道，将费城和阿巴拉契亚山西部的俄亥俄河流域连接起来。

最初的规划里，宾州要修筑的是一条由铁路和运河组合成的运输通道，即公共事业主线（Main Line of Public Works）。之所以不全程建运河，是因为这条通道要穿越沿海平原、岭谷地区和阿勒格尼高原三个地形区，而在阿勒格尼高原的东缘有一道被称为阿勒格尼前线（Allegheny Front）的陡峭山崖。在那里，海拔在短距离内有数百米的变化，运河很难修建。因此，在这些地形复杂的区域，宾州修筑了更加灵活的铁路。

主线的建设于1828年拉开序幕。从费城往西，运河穿过了平

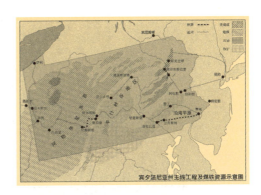

原和岭谷地区，通向了阿勒格尼前线。在阿尔图纳以南约8千米的小镇假日堡，穿越阿勒格尼前线的铁路开始修建。这段铁路被称作波泰奇铁路，全长约60千米。它克服落差的方式是让铁路顺着河道逆流而上。河流会侵蚀山体，因此它们所在处一般会在山崖上切出山谷，而山谷中的海拔是逐步上升的，坡度较缓。在假日堡以西，阿勒格尼前线上有三条河流切出的山谷，工程师们利用了最南边的山谷——布莱尔隘口，让铁路成功地攀升到了阿勒格尼高原之上。

波泰奇铁路成为成功穿越阿勒格尼前线的第一段铁路，也是成功穿越这一区域的第一条现代化的交通路线。在此之前，人们只能通过骑马和徒步穿越这道陡峭的山地，就连马车的行驶都十分困难。当主线工程于1834年全线贯通之后，从费城到匹兹堡的旅行时间从以前的两周缩短到了三天，同时修建的还有一些支线运河，连通了利哈伊河、中部山谷以及五大湖。

宾州主线工程的贯通让匹兹堡获益匪浅。有了运河，挖出的

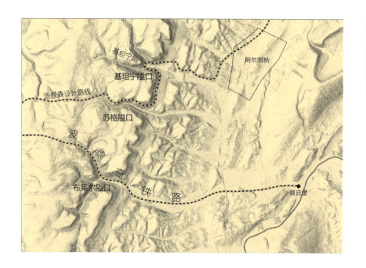

煤矿可以快速地向匹兹堡集中，而它生产的钢铁又可以便捷地运往各处。因此，在主线工程开通后，匹兹堡从一个偏远的军事要塞一跃成为厂房密集的工业基地。其中，莫农加赫拉河[1]的两岸发展成了当时美国最大的钢铁产地之一，为几十年后匹兹堡成为钢铁之都、卡内基[2]在匹兹堡建立钢铁帝国打下了基础。钢铁产业的兴起也带动了匹兹堡的商业、化工、运输业和制造业等，让匹兹堡成为一个工业中心。工厂的开张带来了大量就业机会，来自各国的移民涌进了匹兹堡，匹兹堡因此成为人口众多的大城市。

---

1 密西西比河的二级支流，发源于西弗吉尼亚州，向北流淌至宾夕法尼亚州西南部，在匹兹堡市区和阿勒格尼河交汇后形成俄亥俄河。

2 安德鲁·卡内基，20世纪初的美国商业大亨和慈善家，主要经营钢铁产业，被誉为钢铁大王。

铁路和工业化

　　主线工程完工一年后，在费城以西，一条新的铁路开始修建。这条铁路全长132千米，连通费城和萨斯奎哈纳河边的小镇哥伦比亚，几乎与主线工程的第一段运河平行。这条铁路和主线工程不同，它是私营的商业线路，修建它的资金是费城及附近一些城镇的居民们筹措而来的。

　　修建这条铁路的目的主要有两个。第一是因为客运的需求。当时位于宾州中部的首府哈里斯堡人口快速增长，使得费城和哈里斯堡之间的运河变得拥挤，无法满足州府和最大城市费城之间的客运需求，因此人们想到了修建一条和运河几乎平行的铁路。第二是因为当时位于宾州以南的马里兰州正在修建一条连通巴尔的摩和俄亥俄的铁路，费城的人担心拥有更好的港口条件的巴尔的摩会因此危及费城的地位，因此决定继续增强费城在交通方面

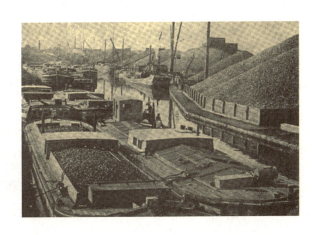

哥伦比亚小镇码头的运煤船

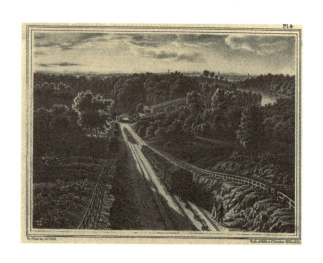

斯库基尔河附近的铁路和运河

的作用。之所以选择修筑铁路而不是再挖一条运河，是因为此时的美国人已经发现，铁路比运河的运力大、效率高，而且设计也更方便、更灵活。

这条新开通的铁路的确加快了从费城到宾州中部的速度，也满足了日益增加的客运需求，然而这条铁路的盈利状况并不理想，长期处于亏损状态。在建设过程中投资的费城人民不满意了。迫于这些投资者的压力，筹资方说服了宾州政府，联手在铁路的沿线搞起了大开发，鼓励人们到铁路沿线这一百多千米的区域内来居住，想以此刺激铁路的发展。

他们成功了，人们开始大规模往这一带迁徙。富人们在距离费城比较近的地区建立了一系列高档社区，后来发展为沿着铁路线的一串富裕小镇，包括韦恩、布林茅尔和马尔维恩等。这些小镇因为居民都是社会上层的精英，又有文化又有钱，所以建得非

费城主线社区

费城主线社区

弗拉泽尔　马尔维恩　德文　韦恩　鲍利　维拉诺瓦　布林茂尔　阿尔德摩　费城

兰开斯特大街
费城主线社区

常精美，不仅拥有独特的建筑风格和园林设计，还有浓厚的文化氛围。这些小镇组成了费城西郊著名的"费城主线社区"，至今仍然是费城附近经济最发达、环境最优良的区域之一。

离费城较远的铁路沿线，吸引了很多普通人，他们在这一带开办了工厂、农场、商铺以及学校，兰开斯特、西切斯特、雷丁等一系列城镇纷纷兴起。不久之后，一条从费城延伸到萨斯奎哈纳河的城市带便产生了，这片曾经无人问津的荒地，短时间内就成了宾夕法尼亚经济最发达的区域。城市带的发展也让铁路很快从亏损状态中走出来，开始了盈利。宾州政府从这件事中学到了一个非常宝贵的经验：发展铁路可以带动沿途的经济。于是在19世纪40年代，当山区运河的效率低下以及维护成本高等弊端逐渐显现之后，宾州政府便开始兴修铁路来取代运河，连接各城镇。为了修建新铁路，宾州政府于1846年成立了宾夕法尼亚铁路公司

（PRR），并请来了著名的工程师约翰·汤普森担任首席工程师。

汤普森没有上过大学，是一个全凭经验而无师自通的高手，他到费城后，很快就完成了大多数路段的规划，只剩最后一个难题——阿勒格尼前线。已有的波泰奇铁路有两个缺点：第一是要绕行假日堡，会平白耽误几个小时；第二是它虽然避开了最陡峭的前线山崖，但布莱尔隘口的坡度仍旧不小，考虑到将来大规模的煤铁转运，太大的坡度对蒸汽机车的运力将会是一个考验。

于是，汤普森把目光投向了布莱尔隘口以北、更靠近阿尔图纳的另外两个山谷。这两个山谷分别是北边的基坦宁隘口和南边的苏格隘口，它们曾经也是波泰奇铁路的备选路线，但分别被排除了——基坦宁隘口的下半部分比较平缓但上半部分太过陡峭，而苏格隘口正好相反，上半部分比较平缓而下半部分太过陡峭。

汤普森的想法却与众不同，他利用了这两个山谷的坡度在垂直方向上的互补，让从阿尔图纳方向来的铁路先进入基坦宁隘口，沿着其下部的平缓坡度逐渐爬升，来到山谷中央的基坦宁角。在那里，山谷的坡度陡然提升，铁路无法继续攀爬，于是汤普森利用了基坦宁角的形状，让铁路走出一个220度的大回转，来到了山谷另一侧山坡的半山腰上，然后南行至苏格隘口，再利用苏格隘口比较平缓的上半部分爬升到高原之上。在基坦宁角的220度大回转被称作"马蹄形弯道"，全长约700米，直径约400米，完美地利用了整个山谷的几何形状。在美国铁路刚起步的19世纪50年代，这是一个非常巧妙的设计，为之后的山地铁路建造开拓了思路，因此它成为美国乃至世界铁路建造史上的一个里程碑。

马蹄形弯道航拍

新主线铁路开通之后，宾夕法尼亚铁路公司又在宾州境内修建了诸多支线铁路，特别是在匹兹堡以及阿伦敦两座钢铁城市的附近，形成了铁路网。1845年大火之后重建的匹兹堡，在19世纪50年代已经成为众多煤铁公司的总部所在地，也成为能排进美国前十的大城市；而东部的阿伦敦则因为伯利恒钢铁公司[1]的建立一跃成为又一个重要的工业中心，这两座钢铁城市一西一东遥相呼应，代表着宾州以及整个美东工业区的发展已经渐入佳境。

连接费城和哥伦比亚的那条私营铁路，在19世纪50年代被捐献给了政府，成为宾夕法尼亚铁路公司的一部分，由此，一条连接费城和匹兹堡的连贯铁路便正式开通了，被称为宾夕法尼亚

---

1 曾经是美国第二大钢铁公司和最大的造船公司。

主线铁路。后来，这条主线铁路从匹兹堡继续往西延伸到了俄亥俄州，并发展出了十分密集的支线网络，把纽约、辛辛那提、底特律等重要城市都划了进去，成为19世纪后半叶以及20世纪初期美国最繁荣的铁路系统。一些位于铁路枢纽处的小镇因为铁路而发展为重要城市。比如阿尔图纳，便由一个默默无闻的小镇，发展成为一个区域性的经济、宗教和医疗中心。铁路沿线那些以煤铁产业为核心的公司镇也吸引来了更多的劳动力，其中有的小镇也发展成了颇具规模的城市（比如扬斯敦），为煤铁产业在宾州的西部以及五大湖南岸几个州的发展做出了很大的贡献。

宾州主线铁路以及宾夕法尼亚铁路系统的繁荣，正好对应了阿巴拉契亚山和五大湖老工业区重工业的繁荣。随着这一系列铁路的建成，越来越多的移民涌入了这个区域，填补着一个个新开工厂里的职位空缺，本地原来的农民也纷纷变成了工人，向铁路沿线的一个个公司镇集中，他们将这一区域的社会、经济和人文景观彻底地改变了。

除了宾州以外，西弗吉尼亚的煤、明尼苏达的铁、密歇根北部的铜、托莱多的玻璃、阿克隆的化工、湖边各港口的造船业等重工业和制造业，一起加快了美国赶超欧洲老牌列强，崛起成为一流强国的步伐。到19世纪末的镀金时代，在卡内基和洛克菲勒等成功商人的推动下，以匹兹堡为中心的宾州西部变成了美国工业化程度最高的地区。1900年，匹兹堡所在的莫农加赫拉河谷地区生产的钢铁，占全美国钢铁生产总量的60%左右，让匹兹堡成为名副其实的钢铁之都。而东部的阿伦敦也顺利发展为了一

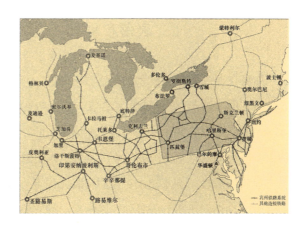

20世纪初的宾州铁路系统示意图

座制造业核心城市，除了伯利恒钢铁以外，通用电气、麦客货车、西方电力等大公司都在当地设置了总部。

　　在钢铁业和制造业兴盛的同时，宾州铁路系统也达到了极盛，主线铁路上的车次来往十分频繁，各条支线也相当繁忙。一些商业巨头在发展自己商业帝国的同时，也大力地支持着铁路的建设和维护，让宾州的铁路系统在质量和效率上一直处在全国领先的地位，主线铁路甚至在1910年实现了电动化。通过铁路，宾州的产品被便捷地运往了全国各地，钢材成了大城市的摩天大楼，煤和石油成了点亮全美国的能源，枪支弹药帮助美国打赢了从美西战争到两次世界大战的历次战争。宾州铁路系统也在各大城市兴建了属于自己的车站，并都以"宾州车站"（Penn Station）命名，其中纽约的宾州车站使用至今。

衰落和复兴

然而在度过了20世纪初的极盛时期之后，宾州铁路系统随着这一区域的煤铁产业一起走向了衰落。危机初见端倪是在20世纪30年代的大萧条，但真正的考验是在第二次世界大战以后：从东海岸到五大湖的整个美国老工业区，都陷入了困境，制造业和煤铁产业纷纷滑坡。为了追求更高的利润，许多公司选择了离开这一区域，向劳动力更为廉价的地区转移，而它们留下的工厂逐渐变得锈迹斑斑，因此这一区域被称为"铁锈地带"。

铁锈地带示意图

在工厂机器生锈的同时，一轮更大的失业潮于20世纪50到60年代降临在了老工业区，其中以煤铁产业最为集中的宾州失业现象最为严重。曾经风光无限的匹兹堡首当其冲，成为受冲击最严重的城市。在1900年，匹兹堡包产了美国60%的钢铁，到了

1960年，在全国煤铁产量减少的情况下，匹兹堡也只能生产美国26％的钢铁，曾经的经济支柱已经濒临崩溃。

20世纪60年代，宾州铁路系统的利润也直线下降。客运方面，宾州铁路系统的运量从40年代的13 000多人次每英里，下降到了1967年的1 000多人次每英里；货运方面，也从40年代的70 000多吨每英里，下降到了1967年的50 000多吨每英里。到了1973年，席卷全球的石油危机给了宾州工业区最后的致命一击，从那以后，宾州的公司关闭的关闭，逃离的逃离。比如在阿伦敦，就连曾经不可一世的伯利恒钢铁，也饱受摧残，最终在20世纪末倒闭了；匹兹堡一带因为全美国对煤和钢铁需求量的大幅减少，也陷入了绝地；而位于中部的州府哈里斯堡，因为1979年的三哩岛核事故而受到重创，从此一蹶不振，到了90年代它累计流失了六成以上的人口。

宾州铁路系统的运量大不如前，曾经来自钢铁巨头的资金也不复存在，许多无货可运的支线铁路纷纷被关停、遗弃，就连主线铁路也因为盈利问题而焦头烂额。为了保留剩下的铁路，宾州铁路系统和同样面临困境的纽约中央铁路系统合并，但仍然运营困难，几年后宣告破产。

对于宾州铁路系统的衰败，受害最深的是那些公司镇。铁路对很多公司镇来说是最重要的出入通道。支线铁路的关停，对许多原本就陷入困境的公司镇来说是雪上加霜。公司破产了，小镇上的居民失去了工作。铁路关停之后，小镇上的基础设施建设和维修以及后勤物资的供给都没了保障。工业时期的破坏，让这些小镇自然环境恶劣。地理位置的偏远和交通的不便，更让它们难以吸引到新的投资。小镇上的居民世代都在工厂里从事体力劳动，受教育程度不高，因此也无法靠自己进行产业升级。逐渐地，这些小镇开始人去楼空，它们中的许多都变成了被完全废弃的"鬼城"，这让阿巴拉契亚山中充满了倾颓之相。离开家园的失业工人们涌入了大城市，挤压了原有居民的空间和资源，造成了城市中不同社区和族群之间的对立，逐渐演化成社会隐患。

虽然多数公司镇和支线铁路复兴无望，但幸运的是，宾州主线铁路的核心城市匹兹堡，在20世纪后期完成了转型，变成了一个以科技、教育、医疗和服务业为核心的新兴城市。匹兹堡的转型也给了宾州主线铁路喘息之机。当匹兹堡治理好了环境污染和社会问题，以宜居城市、旅游城市和体育城市的身份重新出现在美国各类城市排行榜中之后，主线铁路就有了复兴的基础。

宾州中央交通公司破产后，主线铁路被转给了美铁公司（Amtrak）。在匹兹堡完成复兴之后，美铁公司对宾州主线铁路进行了整顿和升级，将它融入了横跨美国的铁路系统中，让这段连接费城和匹兹堡之间的山地铁路成为从纽约经芝加哥一直前往西雅图或旧金山的横跨美洲大陆的新铁路线的一部分。

地下铁路：
黑奴的逃亡史

　　南北战争是美国历史的重要转折点之一，在这场战争中，美国以极为惨痛的代价，最终维护了联邦的统一。南北战争的爆发，原因颇多，涉及政治、经济、社会和文化等多个方面，而其中南方的蓄奴和北方的废奴之争，无疑是最重要的因素之一。南北战争期间的总统亚伯拉罕·林肯被视作美国历史上最伟大的总统之一，不仅因为他阻止了国家的分裂，还因为他至少在法律意义上解放了南方的黑奴。

　　然而美国的废奴历史，其实早在林肯之前就存在已久。从19世纪初期直到南北战争，就有许多人秘密地去解救南方种植园里的黑奴，将他们从南方各州带到北方的自由州，甚至带去了不允许有奴隶制存在的英属加拿大。这些被拯救黑奴北上的路线，就是美国历史上大名鼎鼎的"地下铁路"（Underground Railroad）。

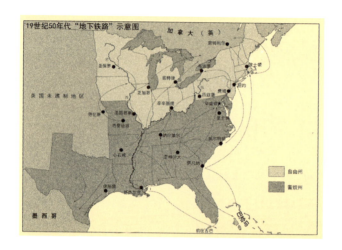

南方、北方和奴隶制

　　所谓的地下铁路，实际上并不真的在地下，也不完全是铁路，而是一个较为抽象的概念。它是19世纪南方黑奴在同情者和废奴主义者的帮助下，由南方的蓄奴州向北方的自由州逃离的一系列道路网络的统称，其方式包括了陆路和水路。这里的"地下"指的则是这些路径的秘密性，而之所以将其称作铁路，是因为这个时代正好也对应了铁路大发展的时代，支持这一系列道路的废奴主义者们认为，这一系列道路的作用丝毫不亚于可以让人日行百里的铁路。

　　地下铁路虽然路径众多，但最主要的有三条：西线是从新奥尔良、小石城和莫比尔等地出发，沿着密西西比河北上，抵达五大湖地区，并可通向加拿大的安大略地区；东线是从佛罗里达、亚特兰大等地出发，沿着阿巴拉契亚山北上，最终抵达费城和纽约，进而连通加拿大的魁北克地区；海路则是从萨凡纳、查尔斯顿等南方沿海城市出发，从海上抵达纽约和波士顿等北方港口。

在美国建国之初，北方各州先后立法废除了奴隶制，南方各州奴隶向北出逃的事情层出不穷，这对以大庄园经济为主、需要大量奴隶在蔗糖和烟草种植园劳动的南方来说，是一个不能接受的情况。于是在1793年，美国出台了《逃亡奴隶追缉法》，此法规定奴隶主有权力跨州追缉逃亡的奴隶，而且这些奴隶主可以在当地法院确定该奴隶的所有权之前，就把奴隶带回庄园去。这条看似不人道的法律，实际上得到了《美国宪法》的支持。《美国宪法》第四条有规定："凡根据一州之法律，应在该州服劳役或服刑者，若逃到另一州，不得因另一州之任何法律或条例，解除其刑役，而另一州应依照该人逃离的州之要求，将人归还至逃离的州。"这条法律的本意是用于那些犯有包括叛国罪在内的重罪罪犯，但到了这里却被奴隶主及支持南方畜奴制的政客们利用，制定出了《逃亡奴隶追缉法》。

这条法律的公布，在阻止奴隶逃跑上的确起到了很大的作用。第一，奴隶主在奴隶逃跑后，可以自行追捕，因此他们毫不手软地从北方自由州把逃走的奴隶押了回来；第二，奴隶们也知道，就算逃走了，也有很大概率被抓回来，因此试图逃离的人也变少了。1806年，由于蔗糖和烟草种植业在古巴等加勒比岛屿的崛起，美国南方的种植园受到了打击，黑奴的作用严重下滑，杰斐逊总统趁机提出了一条禁止再从别的国家进口奴隶的法律，并获得了通过，似乎奴隶制快要走到尽头了。不过可惜的是，由于纺纱机在欧洲大规模投入生产，棉花的需求量涨了起来，于是美国南方的庄园又纷纷开始改种棉花。相比蔗糖和烟草，棉花对劳动力的需求更大，因此黑奴的作用重新又大起来了。结果，杰斐逊的那条法律几乎成了一纸空文，并没有得到很好地遵守。

奴隶主把奴隶当作私人财产的行径，让很多北方人十分不满，他们开始呼吁要解放奴隶、废除奴隶制。这些北方人不排除有部分是真的同情那些生活在水深火热之中的黑奴，但对于更多的人来说，呼吁解放奴隶的主要原因，并没有那么高尚，他们是为了自己的利益。

在19世纪20年代，随着一系列铁路和运河的开通，美国中西部和新英格兰地区开始了大规模的工业化，新兴的工厂像雨后春笋般地出现，工业区欣欣向荣。对于工厂来说，廉价的自由劳动力是非常必要的。虽然有来自欧洲的新移民，填补着工厂中的职位空缺，但他们仍然抵不过快速工业化过程中对劳动力的需求。于是，北方人想到了那些在南方种植园里劳作的黑奴。这些黑奴一旦得到解放，那将会是上百万的自由劳动力，肯定会对工业化进程起到正面的作用。为什么工厂就不能养奴隶呢？因为买不起。那时美国的工业还在起步阶段，资本并不多，而奴隶价格高昂。南北战争前夕，南方一个黑奴的价格基本相当于在密西西比河以西购买80平方千米土地的价格，这是工厂无法承受的。同时，大量的黑人待在庄园里当奴隶，也严重缩小了北方商品在南方的潜在市场。在这些利益的驱使下，废奴主义开始在美国北方兴起。

除了经济上的原因以外，北方人呼吁废奴也有政治上的考虑。美国西进运动过程中，许多曾经的荒野被开辟成了农田。参与西进运动的人里，除了早期的普通农民和普通大众以外，后期跟进的大多数是需要大量土地的南方庄园主。这些庄园主每到一个西部地区，就把奴隶制带了过去。当时的法律规定，一个地区达到了一定的人口数，就可以申请建州、加入联邦。如果任由南方奴隶主在西进运动中唱主角，那用不了多久，一连串新的蓄奴州将会出现，这势必会冲淡北方自由州在国会里的分量。为了防止这一天的到来，许多北方人奔走疾呼，要废除南方不道德的奴隶制。

然而在最初，北方的声音并不占优势，经常被迫和南方妥协。比如在1819年，美国的蓄奴州和自由州各有11个，正好在国会达到平衡，但到了1820年，密苏里达到了条件，申请加入联邦，成为一个蓄奴州，这个平衡被打破。为了平衡双方的势力，位于北方的马萨诸塞州被肢解，分裂出了一个新的州——缅因州。同时，双方达成共识，除了现有州以外，今后在北纬36.5度线以北，不可以存在奴隶制。这就是所谓的密苏里妥协案。

1820年密苏里妥协

黑奴逃亡的地下网络

密苏里妥协虽然暂时缓解了双方的矛盾，但实际上并没有被很好地遵守，南方在1820年妥协之后，多次不顾这个协议而冒进。最著名的是《堪萨斯—内布拉斯加法案》，它更是让奴隶制公开打破了北纬36.5度这个界限：在1854年，堪萨斯申请加入联邦。这个地区在北纬36.5度以北，理应成为自由州，但在一些南方人的斡旋下，堪萨斯最终以内部投票的方式来决定成为自由州还是蓄奴州。为了争夺堪萨斯，南北双方都派了大量的人移居堪萨斯去抢地盘，最终酿成了流血冲突。

其实在1820年密苏里妥协案之后不久，由于南方的激进，北方的废奴主义者意识到，仅仅喊口号是无法阻止奴隶制的继续存在甚至向北扩张的，而且国会也是靠不住的。要想打败奴隶制，就必须干些实实在在的事情。于是，一些废奴主义者就从奴隶制最核心的成分——黑奴——入手了。他们开始潜入南方，去直接解救黑奴，想以此来瓦解奴隶制。地下铁路就这样发展了起来。

最初，通过地下铁路，黑人的逃亡是小规模的。在废奴主义者的掩护下，这些黑人逃到了北方的自由州，并被保护了起来，成为宣传工具。比如，废奴主义者们为这些逃出来的黑奴们编了很多故事，包括他们如何英勇而机智地躲过奴隶主的追捕，如何仅凭北极星找到逃亡的方向，如何九死一生地翻山越岭等。废奴主义者们甚至找人为这些逃亡的黑奴们编写了自传，并在全国各地到处发售，利用黑奴们的经历去博取更广泛的同情和支持。

在这一番宣传下，更多的人开始同情并帮助这些黑奴，其中最多的有两种人，一种是以贵格会、卫斯理会和长老会为代表的，在第二次大觉醒运动里兴起的崇尚平等和睦的教派；另一种是历次清洗后幸存于东部的原住民或有原住民血统的人。宗教教派慈悲为怀，而原住民则是同病相怜，他们纷纷投入了解放黑人的运动中。他们中的很多人潜入南方，冒着各种危险去解救黑人，地下铁路开始逐渐壮大。当越来越多的黑奴成功逃亡到北方之后，工业区的工厂主们也体会到了这些新来的廉价劳动力的好处，于是也加入了废奴运动中，在地下铁路沿线掩护逃亡的黑人，从此，地下铁路发展成了一个非常成熟的路径网络及地下组织。

由于当时正值铁路大发展时期，因此参与地下铁路的废奴主义者以及在地下铁路上逃亡的黑奴，都以铁路为暗号。比如，他们的接头处被称为车站，负责接头的人被称为站长，住处被称为仓库，黑奴被称为乘客，提供资金的叫股东，而负责去庄园联络黑奴、组织逃亡的人被称为代理人。另外根据《圣经》，他们的目的地美国北方被称为"福音之地"，加拿大被称为"应许之地"，即出埃及记中摩西率领犹太人去的地方。南北方之间的重要界河俄亥俄河，被称为"约旦河"，象征着自由。

在地下铁路极盛之际，每年有上千名奴隶成功地逃到了北方。奴隶们基本是好几个人一行，昼伏夜出，乘坐北方人提供的马车、船只或火车北上。在和南方奴隶主以及南北各州警察的周旋中，还发生过很多传奇故事。比如，贵格会信徒勒维·科芬先后凭一己之力救出了超过两千名奴隶；一位名叫塔布曼的女士前后

13次深入南方拯救黑奴，后来因为这些经验，南北战争时被美军派为卧底，安插到南方军中；而被称为"地下铁路之父"的黑人斯提尔，发明了一整套灵活多变的暗号，多次利用暗号中的误导性信息，把前去堵截逃奴的奴隶主和警察们耍得团团转。

奴隶主的反击和南北分裂

地下铁路的兴起对南方奴隶主的打击非常大。这些打击不仅仅是黑奴的损失。实际上，通过地下铁路逃走的黑奴人数，和黑奴的总数比起来，还是相当有限的。然而，从法律上来说，地下铁路的存在是在剥夺南方人的私人财产，是违法的，并且还威胁到了南方奴隶制的地位，因此南方人出奇的愤怒。他们展开了反击，根据《逃亡奴隶追缉法》，深入北方以暴力手段夺取并带回逃走的奴隶。收钱替人抓捕逃亡奴隶的奴隶猎人（slavecatchers）也由此出现。

争议性的事件发生在1842年。这一年，一位因自家奴隶逃走而愤怒至极的马里兰州奴隶主，雇用了一个叫爱德华·普雷格（Edward Prigg）的奴隶猎人，去抓自己家逃走的奴隶。他们在自由州宾夕法尼亚境内强行抓走了几个黑人，声称是逃走的奴隶，并把他们拖回了马里兰的庄园。然而实际上，这几个黑人以前就是自由人，有的甚至就出生在宾夕法尼亚，根本不是奴隶。宾夕法尼亚州政府得知真相后出面干涉，抓捕了逗留在宾夕法尼亚的普雷格，州法院判决普雷格犯有贩卖人口罪，勒令他立刻放人。

普雷格不服判决，将宾夕法尼亚的州法院告到了联邦法院。这就是著名的"普雷格诉宾夕法尼亚案"。普雷格坚称，自己抓黑人是受到马里兰人的委托，而马里兰人抓逃走的黑奴是合法的，并且根据《逃亡奴隶追缉法》，在判定黑人归属权之前，马里兰人就有权力将黑人带回去。北方的废奴主义者纷纷对普雷格及马里兰州发起了抗议，要求释放被抓的黑人，然而最高法院的判决却让这些人大失所望：普雷格和马里兰人无罪，宾夕法尼亚州法院违宪。

这件事在一向崇尚自由平等的宾夕法尼亚闹得满城风雨，对最高法院的不满之声很快就传遍了北方各个自由州。同时，南方的蓄奴州也不满意，因为最高法院同时宣布，以后北方自由州的官方机构可以不协助南方奴隶主去追捕逃奴。最高法院这一裁决，看似是想一碗水端平，两边不得罪，实际上却是两边都得罪了。于是这件事持续发酵，愈演愈烈，地下铁路也受到了很大的影响，在奴隶主和奴隶猎人的围追堵截下，很多路径变得不再安全。有的黑奴甚至改变方向，向南逃往墨西哥、巴哈马和古巴，以寻求庇护。

在南方奴隶主的压力下，国会在1850年通过了新的《逃亡奴隶法》。这部法律是1850年妥协案的附加产物。1850年妥协案可以视作是《堪萨斯—内布拉斯加法案》的前奏，当美国在美墨战争中击败了墨西哥，获得了广袤领土之后，新的领土上又起了废奴和蓄奴之争。在一些国会议员的斡旋下，南北双方又一次达成了妥协：加利福尼亚州以自由州的身份加入联邦，犹他和新墨

南方奴隶主贴出的追奴启事

西哥地区的制度由它们自己决定，华盛顿特区废除奴隶贸易，但北方各州搜捕和遣返逃亡奴隶的力度要加大。最后一条便由《逃亡奴隶法》来体现。

此时南北双方的矛盾已经不可调和了，这次妥协仅仅是延缓美国陷入分裂动荡的时间而已。妥协中诞生的《逃亡奴隶法》规定，南方的白人只要宣一个誓，就可以在没有别的证据的情况下，认定一个黑人是他家逃走的奴隶；北方的政府机构必须配合南方追捕奴隶；黑人几乎没有为自己辨明自由身份的权力；奴隶逃走后，在自由州生下的后代，也要被带回庄园去当奴隶；一些不愿惹事的北方城市（比如印第安纳州及俄亥俄州南部的一些地区）也出台了地方性政策，不允许为外来的黑人提供庇护。

如此一来，南方人开始肆无忌惮地在北方抓捕黑人，不光是逃走的奴隶，连本来就是自由人的黑人也被他们掳去不少。这期间发生了很多悲剧，比如肯塔基州的一个叫加纳的黑奴母亲，带着几个孩子通过地下铁路北逃，在俄亥俄州南部被捕，将要被转交给追来的奴隶主。加纳不愿意自己和孩子们再次沦为奴隶，便决定杀掉孩子之后自杀。但是在她杀掉第一个孩子之后，就被警察按住了，结果以杀人罪被捕，关进了监狱，后来被拍卖；而她剩下的孩子们则被交给了奴隶主，不想在返回肯塔基的过程中，船只在俄亥俄河上沉没，她的孩子们全都被淹死了。

这部恶法引起了北方人的愤怒，名著《汤姆叔叔的小屋》便是以此为背景而写作的。对南方人来说，这部法律让黑人北逃变得越发困难，逃亡的黑人们也变少了，地下铁路从此开始衰落。于是，南方人便有了一种他们战胜了北方的错觉，开始低估北方的实力和维护统一的决心，以南卡罗来纳为代表的一些南方州开始叫嚣州法大于联邦，分裂主义出现，南北走到了决裂的边缘。

北方人在拯救黑奴问题上做的最后一次大尝试是在1859年。那一年，来自东北部康涅狄格州的废奴主义激进分子约翰·布朗来到南方的弗吉尼亚州，计划一次性带着弗吉尼亚所有的奴隶逃走。这场叛乱就是被一些美国历史书捧得很高的"布朗起义"。

处决约翰·布朗

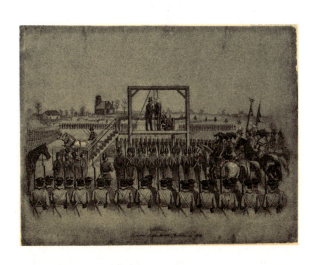

然而布朗的这个目标太不切实际，而且叛乱计划也非常不周详，起义一发生，南方名将罗伯特·李便率军赶到，将布朗擒获并处死。布朗死前说："只有流血牺牲，才能让这些罪恶得到根除。"

布朗的话很快就应验了。1860年，林肯胜选成为新总统。他上任后，为了保护北方的工业及市场，大规模提升了关税，使南方在英法等国的棉花市场受到了巨大打击。早就轻视北方且对北方越发不满的南方各州因而选择了叛乱。1861年，南卡罗来纳州率先宣布退出联邦，随后又有好几个州跟随它们组成了南部联盟，和美国分道扬镳。

实际上，南方各州脱离联邦是有法可依的，当时的宪法并没有规定各州不允许脱离联邦，弗吉尼亚甚至在入伙前就留下过白纸黑字的条文，一旦本州人民认为联邦的政策对本州不利，他们就有资格选择离开。但这种分裂国家的行为，对林肯来说是无法接受的，他下决心不惜一切代价维护国家统一，随即对南方展开了坚决的打击，南北战争爆发。

南北战争最初的目的是维护联邦的完整。但是林肯在稳住了几个蓄奴但没有叛乱的中间州之后，就把废除奴隶制变成了战争口号，以吸引更多的黑人及同情黑人的人前来参战。此后，北方的黑人纷纷参军，向南方发动了攻击。一些逃到加拿大的黑人也返回了美国，加入军队，去解放自己的同胞。

1863年，林肯发布了《解放奴隶宣言》，正式宣布废奴，并于两年后击败了南方，赢下了南北战争。战后，国会通过了《宪法》的第十三条修正案，正式废除了奴隶制。从此，黑奴得到了解放。虽然人种之间的不平等关系还要持续到20世纪，但这一次对奴隶制的废除，是美国历史上最重要的进步之一。南北战争之后，奴隶制不复存在，地下铁路也完成了历史使命。在它大约半个世纪的历史中，至少帮助十万名黑奴逃离了种植园，在人类文明进步和促进社会公正的历史中留下了不可磨灭的一笔。

通往铜之国的41号公路

　　地球上号称世界尽头的地方有不少，位于美国密歇根州北部的基威诺半岛就是其中之一。基威诺半岛是苏必利尔湖中最大的一个半岛，它形状狭长而尖锐，像一把170英里长的楔子，深深地嵌进了这个世界上面积最大的淡水湖。基威诺半岛上人烟稀少。南部有隔河相望的两座城市——霍顿和汉考克，它们的人口都不足万；中部的卡鲁梅特和北部的铜港更是只能算袖珍级别的小镇。一条在树林里蜿蜒穿梭的美国41号公路（US-41）将这几座小城串在了一起。

　　41号公路南启迈阿密，经过坦帕、亚特兰大、查塔努加、纳什维尔、芝加哥和密尔沃基等城市，最终到达基威诺半岛顶点的小镇铜港，全长3 219千米。这条路的大部分路段，不过是美国发达公路系统中普通的组成部分，但它在密歇根州境内的最北的这一段，却有着与众不同的历史：正是在这条路上，美国彻底摆脱了对欧洲的依赖，最终成长为一个成熟而独立的工业国家。这一切，还要从十亿年前的洪荒年代说起。

发现铜的王国

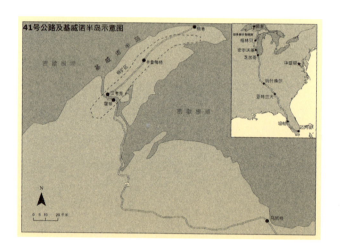

41号公路及基威诺半岛示意图

在板块运动的作用下,地球上的陆地正如天下大势,分久必合、合久必分。十亿年前,地球上的各片大陆组成的罗迪尼亚超级大陆[1]开始分裂,当前美国北部所在的区域发生了剧烈的地壳运动,被撕开了一条类似于东非大裂谷的大口子。滚烫的岩浆从地表的薄弱处涌了出来,剧烈的火山活动开始了。岩浆填进了这条裂谷里,冷却之后形成了大量的火成岩。由于本地熔岩流的特殊化学特性,这些火成岩里形成了世界上几乎独一无二的纯铜

---

[1] 罗迪尼亚超级大陆是地球历史上出现过的超级大陆之一,由所有陆块聚合在一起形成,它存在于我们熟知的盘古超级大陆(泛大陆)的前一个周期。

基威诺半岛岩层中含的纯铜

矿。一般的铜矿，铜都是以化合物的形式存在的，开采之后需要提炼才能得到纯铜。但基威诺半岛的铜矿基本就是单质铜（native copper），其纯度高达97%，发掘之后就可以直接得到纯铜。

那场地质活动之后，基威诺半岛所在地经历了十亿年沧海桑田的轮回变化。这期间，陆地继续分分合合，大气中的含氧量翻了几番，各种动植物相继诞生，恐龙出现了又灭绝了，终于在两万年前，最近一次冰河时代结束，冰川退缩后的融水在裂谷地带汇聚成了五大湖，基威诺半岛变成了今天这番模样。在七八千年以前的新石器时代，人类出现在了基威诺半岛上。考古学家们认为，这些早期的人类发现了当地的铜矿，还尝试过开采，却不知道这些金属能做何用，遂将它们遗弃了。半岛上的纯铜矿继续沉睡，等待着重见天日的那一天。

时间来到了19世纪，美国成立之初，经济疲敝，百废待兴；与此同时，西进运动也拉开了帷幕。美国在向西开辟疆土的过程中，需要有人去人迹罕至的地区做各式各样的测绘和调查。其中，负责去考察苏必利尔湖沿岸的人，是拥有一大堆头衔（探险家、地理学家、矿物学家、语言学家、人类学家、外交家、医生……）的亨利·斯库尔克拉夫特（Henry Schoolcraft）。他最为人熟知的贡献是找到了密西西比河的源头，以及对原住民奥杰布瓦语的记录和研究。

1831年，亨利组建好了自己的团队，出发前往苏必利尔湖。他的团队里有许多地理学、地质学、生物学、生态学、社会学和人类学等领域的精英，还包括一个年轻人：在底特律教书的中学老师道格拉斯·霍顿（Douglass Houghton）。当时，霍顿才20岁出头，却已经在伦斯勒理工学院拿到了地质、化学和医学三个学位。他在底特律授课时，因为课堂生动、知识量大、观点独到而深受学生们的喜爱，也在教育界和学术界渐渐有了名气，被他教过的学生们都有一个引以为傲的绰号叫"霍顿小子"（Houghton Boys）。因为霍顿在地质学和医学上的建树以及良好的声誉，亨利在出发前，将他招入麾下，担任地质学专家以及随队医生。

亨利的团队成功地完成了对苏必利尔湖沿岸的测绘、科学和人文调查。这是霍顿第一次到达苏必利尔湖，森林、山崖、沙丘以及浩瀚无垠的湖水给了他极大的视觉冲击。虽然他有地质学的学位，但他长期在奥尔巴尼和底特律等城市工作，很少有机会接触到真正的自然，因此他非常珍惜这次考察的机会，在完成规定任务的同时，也进行了更深的思考。通过敏锐的观察，抑或直觉所在，他坚定地认为湖畔这些壮美的岩层下，也许蕴藏着更多的资源，值得进行更为详细的考察。从此，他决定把自己的主要研究方向投在苏必利尔湖，并把自己的所有精力都献给这片让他一见钟情的土地。

1836年，密歇根加入联邦，正式升级成一个州，年少成名的霍顿被聘请为密歇根州的第一任首席地质官。有了这重身份，霍顿就得以对密歇根北部的苏必利尔湖沿岸进行大规模的考察。1841年初，霍顿冒着严寒，从底特律出发，长途跋涉来到了基威诺半岛。2月，冰雪刚开始消融，霍顿便有了惊人的发现——他找到了那些高纯度的大型铜矿。这个发现不仅震惊了密歇根州，更是振奋了整个美国。纯度高达97%的大型铜矿，不仅美国人没见过，就是放在全世界也是闻所未闻。要知道，当时的美国经济很脆弱，其中一大原因就是国内不产铜，必须要依赖欧洲的进口铜。这对于刚刚起步发展工业的美国来说，是一个致命的短板。霍顿的发现之所以让全美国欢天喜地，是因为他的发现意味着，美国的铜要依赖于欧洲进口的日子，一去不返了。

从此，美国得以真正地摆脱欧洲的影响，开启了腾飞的步伐。这是刚成立不久的密歇根州给美国带来的最好的见面礼。霍顿因此被誉为"美国铜父"。他把他短暂的一生全都奉献给了包括基威诺半岛在内的苏必利尔湖岸。1842年，底特律请他出任市长，但他拒绝了这份美差，因为他觉得苏必利尔湖畔的荒野才是他能为国家做出更多贡献的地方。三年之后，他在乘船考察苏必利尔湖的水文时，船只因遇上冬季风暴而倾覆，霍顿掉进了冰冷的湖里，不幸身亡。他的死讯震惊了全国，为了纪念他，基威诺半岛上最大的城镇被命名为霍顿，五大湖沿岸的很多小镇、桥梁、河流、瀑布等也都以霍顿命名。

霍顿去世了，但原本宁静的基威诺半岛却热闹了起来。金斯顿、塞内卡、铜瀑布、莫浩克、昆西、奥杰布瓦等大型铜矿纷纷被建立。一个个矿坑开始动工开采，机器的轰鸣伴随着岩石碎裂的声音，在半岛上空经久不衰，打破了此地千百年来的宁静祥和。与此同时，伐木业也开始兴起。半岛上茂密的森林，直接给铜的运输提供了制造船只和矿井轨道的原材料。除了铜矿以外，银矿和铁矿也在基威诺半岛南部以及附近区域被找到。基威诺半岛紧跟着中西部地区的步伐，从近乎原始社会的状态，快速迈入了工业时代。从此，这里被誉为"铜之国"（Copper Country）。

军事道路

既然有了这么多矿产，如何将它们安全而便捷地运抵工业区，成了一个新问题。最初，人们想通过陆路将这些矿产运到底特律，但很快他们发现，这么做难度太大了。别看基威诺半岛和底特律处在同一个州，但它们之间的距离其实很远，就是在交通便捷的今天，要从底特律前往霍顿，也要在高速路上开至少10个小时的车，或者坐3个小时的螺旋桨飞机。而在19世纪40年代，密歇根境内茂密的原始森林，盘踞各处的原住民，以及密歇根湖和休伦湖之间的麦基诺水道，都是让人头痛的障碍。于是，人们不得不选择了五大湖的水路。

1844年，在基威诺半岛的顶端，一个叫铜港（Copper Harbor，又译库珀哈勃）的小港口建设完成。这座小港口是最早进驻基威诺半岛的采矿公司——匹兹堡和波士顿矿业公司——建设的，这个公司利用铜港来运送铜矿，让铜矿能直接经过水路送往公司位于克利夫兰的工厂。为了拱卫铜港以及整个基威诺半岛，使之免遭原住民势力以及英属加拿大的侵扰，美军在铜港附近建立了威尔金斯堡，以及密歇根这个"灯塔之州"最北的一座灯塔。

随着五大湖—中西部地区的进一步工业化，工业区的范围从原本的阿勒格尼高原及俄亥俄河沿岸，一路向西迅速扩展到了伊利诺伊和威斯康星，这些地区对矿产的需求量也不断上升。于是，兴建陆路交通、连接基威诺半岛的计划便被摆上了桌面。不久，军方也加入了对修路的讨论。这时候美国和英属加拿大就领土划分问题进行着漫长的谈判，而盘踞在五大湖西侧的一些苏族人部落也常常和美军发生摩擦。他们对基威诺半岛这个大宝库来说都是潜在性威胁。这更是让美国人下定了决心，一定要加强基威诺半岛和发展成熟的工业区之间的联系。

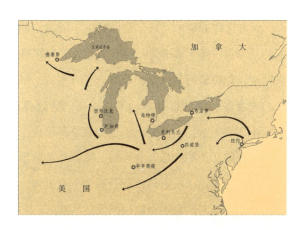

美国工业区扩展示意图

基威诺半岛上的居民和工人们，当然也是全力支持修建陆路交通的。苏必利尔湖纬度偏高，一年当中有至少5个月是冰封的，船只无法通行，如果修建了陆路交通，那么在湖水上冻期间，基威诺半岛将仍然可以获取后勤物资和邮政服务，这对当地居民来说是非常利好的一件事情。

1845年，美国的国会和战争部（美国曾经的一个部级单位，负责管理美国陆军，第二次世界大战后撤销，并进国防部）答应拨款修路，但是部长威尔金斯只答应拨出30 000多美元[1]，修建一条连接霍顿和格林贝（Green Bay）[2]的路，让铜矿区和威斯康星相连，进而连通芝加哥一带。这条路主要用于军事，同时也可以兼顾其他用途。而密歇根的居民们则有更多的想法，他们想让这条路往东绕一个弯，连通位于基威诺半岛东南方的几个小镇，包括后来成为密歇根北部重镇的马凯特，这样可以给当地居民带来更好的便利，并带动整片地区的发展。

面对这样的请求，威尔金斯坚决不同意，他认为既然国会答应的是修筑一条军事道路，那这条路就要以军事目的为主，而兵贵神速，如果绕行马凯特，那么一旦有军情，陆军支援基威诺半岛的速度就会受到影响。后来，就是因为这样的路线矛盾，让这条路几乎夭折。1848年，国会和战争部停止了对这条路的修建，好在当地的几个矿产私人老板出了资，让密歇根自己来修建这条路，并按照本地人的意愿，让公路绕了个大弯，连通了马凯特等城市，于是41号公路的密歇根路段初具雏形。

---

1 相当于2015年的2 000多万美元。
2 又译绿湾，在密歇根湖畔。

公路修通之后，霍顿的后勤保障得到了质的提升。在漫长的冬天里，这里不再是死一般的寂静。在清澈的夜空和若隐若现的北极光下，冬季的霍顿不再只是一片莽莽的雪原，而是泛出了星星点点的灯火。它逐渐变成了永久居民点，不再只是在冬天大唱空城计的临时据点。

虽然国会和战争部早早地撤出了对修建这条路的资助，但这条路还真在军事上发挥过一点作用。南北战争的爆发让欧洲那些不愿意看到美国过于强大的国家心中暗喜。法国和西班牙在暗地里表示支持南方，而英国做得更绝：在南北双方交战正酣之时，原本驻防在加拿大东部的一支英军突然西进，驻扎在苏必利尔湖的北岸。一旦英国公开和南方组成联盟，那这支英军就随时可以渡过或绕过苏必利尔湖南下，占领防守薄弱的基威诺半岛。要知道，此时的基威诺半岛不只是美国最重要的铜产地，还有大量的铁矿，而这些铁矿是制作炮弹等武器的重要原料。如果它落入敌手，对北方来说将会是个无可弥补的损失。

为了防患未然，美军采取了行动。1863年，国会决定再次对这条路进行投资，平整和拓宽已有的路线，并且将这条路从霍顿继续往北延伸，连通基威诺半岛顶端的铜港以及军事要塞威尔金斯堡。这样一来，驻扎在威斯康星一带的美军在有紧急军情的时候，就可以快速驰援基威诺半岛，保卫这个美国最重要的工业原材料产地。同时修建的还有几条支路，其中包括当年国会和战争部原计划所指的那条不绕行马凯特的直路，这条直路经过一些小改动后被建造完成，发展成了今天的美国141号公路；另一条是从马凯特往东的一条路，能让美军快速支援位于苏必利尔湖和休伦湖之间的战略要地苏圣玛丽，这条支路后来发展成密歇根州28号公路。

幸运的是，英国最终并没有真的在南北战争里公开搅局，因此这些新建的军事道路并没派上真正的用途。它们的建成也标志着美国在其西北疆域大规模修筑军事道路的时代接近了尾声。从19世纪10年代开始，美国在其西北部先后修建了很多条类似的军事道路，目的自然是防止英国人对其边疆的入侵。

早在1818年，美国就和英属加拿大签订过协约，两国在伍兹湖以西的区域以北纬49度为界，后来在1846年《俄勒冈条约》后，这一国界划分方式一直被延长到了太平洋。然而那时的美国对西部边疆的控制力并不强，而英国的实力又在美国之上，为了能在可能的战争中快速支援边境线，国会不断斥巨资，在这些杳无人迹且地势险峻的区域修筑军事道路。这些路大多数都十分简陋，冬天的雪、夏天的大雨都能让这些路无法通行，因此在几十年没有战事发生的情况下，它们大多数都被废弃了。南北战争以后，美国已经高度工业化，边境的战略要地很多都修通了铁路，因此从那以后，美国便不再修建这些简陋无用却耗费巨大的道路。

只有很少的军事道路得以保留，基威诺半岛这条路被保留了大部分。南北战争结束后，五大湖—中西部的工业区开始了更快的发展，因此基威诺半岛及其附近区域的铜矿、铁矿、银矿以及伐木站都开足了马力日夜不停地生产。1885年，基威诺半岛的采矿业进入了最顶峰，密歇根矿业学院在霍顿建立，后来发展成现在的密歇根科技大学。正是因为这所大学的几栋教学楼，霍顿这座区区几千人口的小城，也有了一条很有特色的城市天际线。同一时期，大规模的芬兰移民涌入了基威诺半岛，纷纷投身到这场淘铜热之中。

通向世界的尽头

一切的辉煌都有过去的一天。随着经济形势和产业大环境的改变，美国中西部的工业区在20世纪走向了衰败，最终变成了倾颓的"铁锈地带"。作为这个工业区的原材料产地，基威诺半岛也摆脱不了和铁锈地带其他区域一样的命运。当地的采矿业在进入20世纪之后，开始逐步衰落。特别是第二次世界大战以后，半岛上几乎所有的铜矿都被关停、废弃了。机器的轰鸣终于散去，大批工人撤离，基威诺半岛恢复了人类到来以前的寂静，森林开始恢复生长，开始逐渐吞噬那些被遗弃的锈迹斑斑的钢铁支架和机器。

但那条简陋却十分重要的公路却得到了进一步的发展。1913到1920年，这条公路陆续得到从头到尾的翻新，变成了一条可以通行大卡车的现代化双向公路。1925年，美国开始整合全国范围内的公路，创建了国家公路编号系统，这条通往基威诺半岛的唯一通道被三条不同编号的公路争抢，其中还包括大名鼎鼎的通往南方的第一条高速公路——迪克西公路。不过最终胜出的是41号公路，这段路的加入，让原本连接迈阿密和格林贝的41号公路，在其北端延长了约400千米。

那时的迈阿密还远远不是今天这样繁华的海滨度假胜地，而是一个位于佛罗里达半岛南端沼泽区的偏远小城，居民以各种少数族裔和移民为主，鱼龙混杂，被人戏称为美国南方的尽头。而41号公路新的北端终点层规模更小的铜港。这座至今都未达到建制标准（也就是说，它没有独立的行政区划，严格意义上连个乡镇都算不上）的小港口，三面环绕着一望无际的湖水，人口稀少，比起迈阿密，这里更像是陆地的尽头，因此41号公路又被一些人称作是"从美国尽头到世界尽头"的公路。

41号公路伴随着基威诺半岛快速迈进了工业时代，又快速地从工业时代离开。现在，基威诺半岛成为安静平和的芬兰后裔的家园，而41号公路则成为他们和外面世界联系的最重要的途径。那些铜矿的遗址，有的被密歇根以及联邦政府划为了历史保护区，以纪念这段热火朝天的岁月。有的被放任自生自灭，逐渐隐藏在森林里，被植物的根茎所分割侵蚀。还有的成为城市废墟探险爱好者们的目的地。

在1957年麦基诺水道上的麦基纳克大桥建成后，通往基威诺半岛的交通得到了较大的改善，它随即成为一个旅游区。这里拥有五彩斑斓的秋季，吸引着前来观赏红叶的游人；这里也有冬季的大湖效应带来的优质滑雪场，冬季吸引着滑雪爱好者，甚至有时候还能看到北极光。前往皇家岛国家公园的渡船也从这里出发。这些旅游项目和景点虽然算不上热门，却是当地后采矿时代最重要的经济支柱之一。

今天的41号公路基威诺半岛路段

　　41号公路仍然从茂密的树林里穿过，为基威诺半岛带来一批批游客，并默默地见证着所有的时代变迁。它的沿途有很多关于铜矿及其开采的雕塑和博物馆，向后来的人们讲述着这段让美国真正开始腾飞的不同寻常的历史，并以此告诉前来拜访的人们：这里虽然是路的尽头，但也是探索和希望开始的地方。

太平洋铁路：中国人在美国创造的奇迹

　　美国是一个移民国家，历史上，来自英国、法国、西班牙、爱尔兰、德国和非洲各国等世界各地的移民都在它的历史上扮演过十分重要的角色。来自中国的移民，也就是我们俗称的华裔，也不例外。华裔在美国历史上留下的最浓墨重彩的一笔，要数在横跨美洲大陆的第一条铁路，太平洋铁路的建设过程中所做出的贡献。然而让人痛心的是，他们用汗水和鲜血建成了太平洋铁路，却没有受邀参加竣工仪式，甚至连仪式上的致谢辞里也没有提到哪怕有关他们的一个字。

太平洋铁路示意图

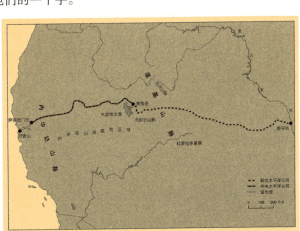

　　交通运输自古以来都是人类文明要解决的首要问题之一。在早期的长距离交通方式里，最受欢迎的要数水运。正因如此，中国的隋炀帝不惜耗费民力，开凿了贯通中国南北的大运河，以弥补中国因缺乏南北流向的大河而造成的运输上的短板。和中国的大江大河多数呈东西走向不同，美国主要河流，包括密西西比河、密苏里河、俄亥俄河、科罗拉多河等，大多数是南北流向的，因此从殖民时代开始，美国南北向的交通就一直比较发达。然而，东西向的交通一直以来都是困扰美国人的一个难题。除了缺乏东西向的河流之外，几条南北走向的大山脉，也让美国在东西方向上的交通变得越发艰难。

　　19世纪初，西进运动开始以后，勇敢的西行先驱者们在美国西部广阔的荒原上，走出了一条又一条小径，让美国人可以乘坐马车翻山越岭，从大西洋一直走到太平洋海岸。然而这样的交通方式，速度是相当缓慢的。从美国中部的密苏里，人们一般要风餐露宿地花上好几个月，才能抵达太平洋沿岸的加利福尼亚或俄勒冈。因此在早期，美国西部的开发处处受到交通条件的限制，进展得很不顺利。

　　到了南北战争前后的19世纪60年代，美国已经基本迈入了工业大国的行列，东部各州已经建起了比较密集的铁路网。面对西部无穷的开发潜力和几乎为真空状态的交通系统，修建一条沟通东西海岸干线铁路的构想就排上了美国人的日程。这个提案在南北战争期间显得格外迫切，因为西部的矿产物资以及兵源，要花上很长时间才能投入东部的战场。因此，在南北战争期间的

1862年，美国总统林肯出台了《太平洋铁路法案》，给铁路拨出了大量的土地和财政资金，对这项既是眼前迫切需要，又可以造福后世的工程提供了政策上的最大支持。

1863年，太平洋铁路开始施工。这条铁路被分给了三家公司，其中最西端连接萨克拉门托和奥克兰（旧金山旁边的一座城市）的一小段200千米长的路段，被分给了规模很小的西太平洋铁路公司。剩下长达3000千米的主体部分的建设，由当时铁路界的两家大公司——中央太平洋铁路公司和联合太平洋铁路公司——来分担。具体的任务分配是这样的：联合太平洋公司从东侧的爱荷华州与内布拉斯加州交界处（今奥马哈附近）开始，向西修筑铁路；中央太平洋公司从加利福尼亚的萨克拉门托开始，往东修筑铁路。最初预计双方汇合的地点是在太浩湖附近，也就是今天加利福尼亚和内华达两州的交界处，而双方会师的时间预计在开工14年后。

按照这个计划，中央太平洋公司实际上只需要修筑600多千米的铁路，而联合太平洋公司的修筑里程多达2 000多千米。实际上这并不是美国人偏袒中央太平洋公司，而是因为中央太平洋公司所得的这段区域，施工难度实在是太高了。从萨克拉门托到太浩湖，正是美国西部的重要山脉内华达雪山（Sierra Nevada）的核心区域，不仅悬崖峭壁遍布，而且还终年积雪，其工程的难度可想而知。而联合太平洋公司负责的区域，有一半以上是平原，剩下一半在落基山里，但也有足够多的山谷和隘口可以利用，施工难度要小得多。

计划订好后，铁路就破土动工了。负责东段的联合太平洋公司是美国政府直接扶持的半国有企业，它所雇用的劳工里，大部分是爱尔兰移民。在南北战争时期，爱尔兰正好也闹了饥荒。当时北方缺少兵员，政府许诺参军的人可以获得金钱和土地上的奖励，因此一些黑心商人就去爱尔兰忽悠了很多难民，来到美国参战，以骗取政府许诺的参军费，于是形成了历史上几次爱尔兰到美国的移民潮之一。爱尔兰人的加入确实进一步增强了北方的实力，但这种让别国难民当自己内战炮灰的不人道做法，让美国遭到了来自欧洲各国的谴责。于是到后来，剩下的还没有上战场的爱尔兰人就被改派往西部，到联合太平洋公司里去当筑路工人。这些爱尔兰人逃出了饿殍满地的故土，又避免了成为炮灰，都感恩戴德，施工很卖力，因此联合太平洋公司这一边的工程进展很顺利。

但是中央太平洋公司的进展就很不顺心了。和联合太平洋公

爱尔兰移民在修建铁路

司有政府背景不同，中央太平洋公司是一家彻头彻尾的私人公司，而且创建并不太久。它的四位高调的创始人有两个很响亮的绰号：四巨头（Big Four）和协约者（Associates）。他们几个人都是在美国铁路发展史上有头有脸的人物，其中地位最高的一位名叫利兰·斯坦福（Leland Stanford），在创建公司之前，他就已经在政坛有所作为，还当上了加利福尼亚州的州长。

斯坦福在党派上属于共和党。和现在的共和党代表保守派利益不同，在当时，共和党是代表改革、平等、开放、进步的政党，他们的红色色调，就有一丝革命的意味。比如支持废奴的林肯总统就是共和党人。然而，斯坦福在共和党中算是一个特立独行的异类：他是个非常激进的种族主义者。他曾经向总统提出，要美国关紧大门，停止接纳移民，特别是其他肤色的移民，因为那些"血统低贱"的民族会玷污白人的血液，也会玷污美国这个白人国家。这就是数典忘祖，因为他有据可查的祖先托马斯·斯坦福是在17世纪移民到北美洲的，而北美洲所有的白人，刨根问祖，又有谁不是移民之后呢？

总统没有搭理斯坦福，因此他没能左右美国的移民政策。不过对他自己公司的员工招募，他是有能力控制的。在他的坚持下，中央太平洋公司只雇用白人，对其他族裔一概拒之门外。在这样的情况下，在加州的首府萨克拉门托附近举行了铁路的开工仪式。在开工仪式上，斯坦福得意扬扬地对人们说，这条铁路修成之后，加州将成为能和纽约匹敌的富裕地区。在场的人们无不兴高采烈，工人们也士气高昂地破土动工了。

中央太平洋公司的工棚营地

　　然而，这样的热情在随后的施工过程中被浇了冷水。由于内华达雪山的地形条件实在是太过恶劣，在很多时候，白人工匠们只能望着崇山峻岭，深沟险壑，无奈地摇头。两年过去了，铁路才修好几十千米，远远落后于原计划中最保守的进度。这样下去，不仅铁路的完工遥遥无期，就连斯坦福的中央太平洋公司，也让人们失去了信心，快要倒闭了。更糟糕的是，由于施工环境太过危险，白人工匠们要么辞职跑了，要么成天罢工抗议，要么窝在工棚里喝酒睡觉，反正谁都不愿意也不敢再去工地了，到最后斯坦福的公司就成了一个空壳子，招不到工人。斯坦福使出了最后一招：他动用了当时加州州长拥有的特权，释放了加州监狱里的囚犯，拉到山上去修铁路。这些囚犯大多数倒是不怕死，但能力实在是有限，到最后铁路仍旧是建不下去。

　　眼看公司快要倒闭，修建横贯大陆的铁路这项伟大工程也要夭折，加州赶超纽约的梦想也要破灭了，这时，四巨头的另外一位，负责实际建造铁路以及人力资源管理的查尔斯·克罗克

（Charles Crocker）向斯坦福提出，雇用来自中国的华裔。在19世纪的50和60年代，有大量的中国人，特别是沿海地区的广东人和福建客家人，来到了加州。他们中有的是前来淘金的，也有的是为了躲避太平天国的战火。这些华人中，大多数在加州扎根成家，到1863年，加州已经有了大约五万名华人。他们勤劳朴素的特质，在加州众人皆知，克罗克正是看上了这一点，才提议将华人们招进公司，去修筑铁路。

克罗克的提议遭到了大家的反对，其中反对声最大的便是斯坦福。在斯坦福看来，修筑这条太平洋铁路，是美国历史上最伟大的工程，这样的工程怎么能让"血统低贱"的种族来插手呢？何况，身强力壮的白人尚且只能望山兴叹，这些"面黄肌瘦"、有的还扎着辫子的中国人，能起什么作用呢？但克罗克说了一句话，就让包括斯坦福在内的所有人哑口无言。他说，难道你们不知道吗，这些中国人在数千年之前，就修建过世界上最伟大的人造工程——长城，那么还有什么是他们建不成的？

由于克罗克说得实在是在理，而且公司确实处于崩溃的边缘，斯坦福就不再坚持，同意先雇少量的华人来试试。于是，华工的身影出现在了内华达雪山上。这些华工的能力和效率，大大出乎斯坦福的预料。到达条件恶劣的工地之后，华人们毫无抱怨，二话不说就投身工作，很快就克服了白人们无从下手的几处险关。他们白天工作长达10个小时，晚上自己搭着帐篷睡觉，比起那些酗酒打架的白人来，容易管理多了。而且他们对工资的要求，也比白人们低得多。

斯坦福虽然是个种族主义者，但也是个诚实且勇于认错的人。在一份向总统提交的报告中，他介绍了自己所雇用的这些华人，肯定了他们的工作能力和效率，并强烈建议总统加大力度，通过中间商大规模引进这些华工。同时他自己也雇用了更多的中国人。而这些华工们也把自己的特长发挥得淋漓尽致。他们虽然不懂任何理论，但可以运用祖先们在中国早就使用过的各种技术，在悬崖绝壁上开凿隧道、架设桥梁、修筑凌空栈道，经常让在场的白人工程师们看得瞠目结舌，同时也使得中央太平洋公司的建设进度，从远远地落后于计划，到远远地超出了计划。

在这样的情况下，国会调整了中央太平洋公司和联合太平洋公司在太浩湖会师的计划：只设计路线，不设置会师点，让双方进行修建铁路的大赛，看谁修得多，并且要两个公司顺便在沿途布置电缆线。国会给出的彩头也很重：每修建一英里的铁路，公司就会得到上万美元的奖励，同时铁路两侧五英里以内的土地，都归公司所有，可以用于任何开发。在这样重的利益驱使下，斯坦福早就把他当年的种族歧视抛之脑后，雇用了一批又一批的华工，开足了马力建设铁路。最终，原本计划在14年内修建600千米铁路的中央太平洋公司，在6年内就修筑了超过1100千米。

到工程的后期，中央太平洋公司的所有工人里，华工已经占了八成以上。可以说，如果没有这些华工的努力，美国的这条跨越内华达雪山的铁路是很难有机会按时完工的，更别说提前完成了。当然，在这一过程中，中央太平洋公司的华工们也付出了惨重的代价。在内华达雪山中最险要的一段，即著名的唐纳隘口（Donner Pass）以及附近的合恩角（Cape Horn，今加州科尔法克斯附近）一带，几乎平均每铺设一条枕木，都会有一名华工牺牲生命，单是在合恩角，华工的营地就前后至少三次被雪崩冲毁，至少有300名华工长眠于这座冰冷而坚硬的花岗岩悬崖下。据当地人说，现在去合恩角附近登山和攀岩的驴友们，还能偶尔发现当年华工留下的遗物。

在合恩角绝壁上开凿的铁路

1869年5月10日，两家公司修筑的铁路在犹他州的普罗莫托里（奥格登附近）合龙。在铁路合龙之前，联合太平洋公司的爱尔兰工人们听说了华工的事迹，感到非常震惊，因为他们觉得，自己能把铁路从大平原修到洛基山再修到大盐湖，并且还抵御了阿拉帕霍人和夏延人等原住民的袭扰，已经是非常了不起的成就了，他们无法想象华人们是如何在短短几年内，让铁路翻过了比洛基山更为险峻的内华达雪山以及酷热难耐的大盆地沙漠的。于是在爱尔兰工人们的邀请下，华人们进行了为期一天的"现场表演"，结果他们在12小时之内，修筑了大约16千米的铁路，这远远超出了爱尔兰工人们修筑铁路的速度，让在场的爱尔兰工人们心服口服。

在5月10日的中午，已经从加州州长职位上卸任的斯坦福，在两段铁路的会师处，埋入了用纯金打造的最后一枚道钉。这一刻标志着，史上第一条横跨整个大洲的铁路，全线修筑完成。这比最初的计划提前了将近一半的时间。随后到来的便是盛大的通车庆典，以及全国范围内的狂欢和大游行。

斯坦福埋入纯金道钉

然而，在这盛大的通车庆典中，立功最多的华工却没有受邀到场。第一列火车载着富豪们穿过了唐纳隘口和合恩角的悬崖，富豪们都惊叹自己仿佛进入了云中，却没人向他们介绍是谁修筑了这条路。庆功会上的演讲里，主讲人介绍说，这条翻越内华达雪山，堪称奇迹的铁路能够完工，是得益于加州人民血管中流淌的四个伟大民族的血液，包括法国人的勇猛、德国人的睿智与坚定、英国人的不屈不挠，以及爱尔兰人的耿直与真性情。至于真正做出最大贡献的华人，主讲人只字不提。只有最初力主雇用华工的克罗克在酒会的最后，才向大家简要地提了一句，修建这条铁路，其实还有那些备受歧视的中国人做出的贡献。但此时已经没有几个人注意到他的话了。于是，华工在这条铁路线上的奉献和牺牲，被埋没在了火车的车轮下。

通车典礼

华工们不仅没有得到与贡献相匹配的待遇，反而因为他们过于勤劳而遭到了其他族群的排挤。中国人大部分来说相对内敛的性格，使他们在美国受到孤立，华人社区与周围其他社区往来受限。许多华人到美国之后，因为性格和语言的障碍，一辈子也没有走出过他所在的社区。在随后的几年里，由于加州的经济持续低迷，其他种族便把不满的情绪撒在了华工身上。他们认为，大家之所以穷，是因为生意不好做，之所以生意不好做，是因为中国人太勤奋了，把生意都抢走了。于是，排斥中国人的情绪在加州蔓延，随后也发展到了美国其余地区。

由于社会上产生了不安定因素，美国国会决定插手处理这件事。他们旋即展开了对华人移民的调查。1877年，美国国会发表了一份调查中国移民入境情况的调查书。在这份调查书中，一些参与了铁路建设的白人工程师写下了他们目睹中国人在铁路线上的各种高超表现的证词，这才让中国劳工在太平洋铁路上的贡献没有彻底地被历史忘记。

然而，这份调查书实际上是为即将到来的一项针对中国移民的法案所准备的。1882年，美国的亚瑟总统签署了美国历史上最严厉的一次限制特定种族移民的法案，即《排华法案》。这条法案将新来的华人移民拒之门外，有效期长达十年之久。而那些已经生活在美国的华人，很多都失去了雇主，被驱逐出境，甚至有已经获得美国公民身份的华人，也被剥夺了公民身份然后被迫离开。十年之后，美国继续出台了《基尔里法案》，将对中国人的限制延长十年，后改为无限期延长。清政府对美国的举动提出了抗议，然而当时已经自顾不暇的清朝，自然没有得到美国的答复，排华依旧继续进行。

在排华的过程中，很多以白人至上的种族主义者趁机对华裔展开了各种各样的攻击和刁难。不仅华裔受到了严重影响，就连和中国人长相相似的朝鲜人和日本人，也被一并殃及了许多。直到1943年美国出台了《麦克诺森法案》，才缓解了对中国人的限制，给予了"中华民国"每年105个可以到美国的名额。而真正废除《排华法案》，得等到20世纪60年代了。后来，在奥巴马总统的任期内，美国国会正式就《排华法案》向中国道歉，但《排华法案》的恶劣影响至今未能完全消除，在《美国法典》中至今还存有一章专门针对中国人的法律，题目就叫"排华"。

再说那条横跨大陆的太平洋铁路，大大缩短了纽约到旧金山之间的距离。从前的人们需要数个月才能从东海岸到达西海岸，在铁路修通后，纽约到旧金山只需要83个小时。最初，有资格坐上列车前往西部的只有那些有钱或有权的上层人物，以及在某一领域受人尊敬的人，例如军官或科学家。正是这条铁路对科学家的开放，在随后引发了科学史上的一系列重大变革，比如耶鲁大学的一位名叫奥瑟尼尔·马什的古生物学家，坐火车到西部旅游，在荒原里找到了一系列珍贵的化石，成为达尔文进化论的重要佐证，让进化论从一个备受排挤和嘲笑的"异端邪说"，变成了一个被多数科学家认可的主流理论。

曾经的种族主义者斯坦福，因为太平洋铁路的巨大利润，成为美国的顶级富豪。因为华工的出色表现，斯坦福在晚年改变了自己白人血统至上的看法，承认不同种族有各自的优点。在他的独生子小利兰·斯坦福意外去世后，斯坦福捐出了250万美元，以儿子的名义在旧金山以南的帕罗奥托附近建立了一所大学，即现在的国际名校小利兰·斯坦福大学。在他去世前，斯坦福在遗嘱里说，自己的公司可以永久雇用华人。

　　中央太平洋公司四巨头中的克罗克和亨廷顿将中央太平洋公司进行了资源整合，组建了新的南太平洋公司，修建了连接西雅图、洛杉矶、休斯敦和新奥尔良等地的南线太平洋铁路。这个公司一直持续到1995年，之后与联合太平洋公司合并。其他的几条横跨北美洲的铁路线也相继建立，从此美国的西部得到了长足的发展。

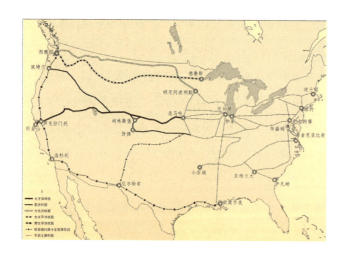

几条主要跨美国大陆铁路示意图

　　太平洋铁路在20世纪前期，因为其他更先进的铁路和公路的修建而被废弃。它的西段部分，也就是华工们修建的穿越内华达雪山的部分，被整修之后，成为美铁公司的招牌观光火车加州和风号（California Zephyr）的行驶路径。犹他州那颗黄金道钉的所在地也被开辟为保护区和公园。在合恩角附近的小镇上，有美

293

国人立起了为中国劳工设置的纪念牌，并在小镇的官方网站上向人们普及这段被遗忘的历史，但了解这段历史的美国人依旧少之又少，甚至还有专门质疑这段历史的有种族主义倾向的美国历史学家，反驳关于华工修建铁路的每一段记载。因此，要想让华工在内华达雪山上为美国做出的贡献被世人了解，还有很长的路要走。

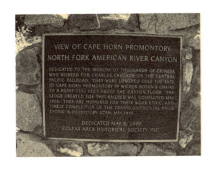

合恩角认可并纪念华工的纪念牌

约翰·缪尔步道：
进步时代的环保象征

在美国西部的加利福尼亚州和内华达州之间，有一座巍峨的内华达雪山。在这座山上，集中着五个国家公园，从北往南依次是拉森火山、约塞米蒂、国王谷、红杉树以及死谷。除此之外，这座山上还分布着众多的国家森林。可以说，这是美国联邦政府直属保护区最集中的地方。其中，约塞米蒂国家公园（Yosemite National Park，又译为优胜美地国家公园）不仅是美国最著名的旅游景区和自然保护区之一，也和国家公园署的诞生历史息息相关。它和在它南边的国王谷及红杉树国家公园之间，有一条蜿蜒崎岖的小路，穿越了内华达雪山腹地的崇山峻岭。这条路叫作约翰·缪尔步道（John Muir Trail，或称缪尔小径）。

约翰·缪尔步道全长约340千米，它北起约塞米蒂大峡谷（最著名的冰川 U 形山谷之一），南至美国本土的最高峰惠特尼山。它还有一条向北的延长线，连通太浩湖。广义上来说，它也是和美国西海岸相伴而行的太平洋山脊步道的一部分，也是美国最有

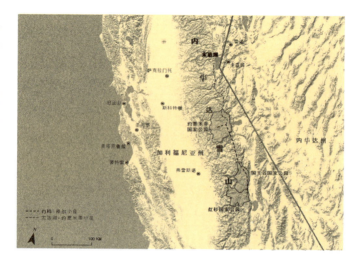

名的长距离步道之一。它名字的来源，是国家公园之父、美国环境保护史上最著名的人物之一——约翰·缪尔（John Muir）。

有这么一种说法：美国给人类带来的最大贡献，不是宪法和民主制度，不是电话和飞机，也不是登上月球，而是建立了一个可以造福子孙后代的国家公园署（National Park Service）。国家公园署成立于1916年8月25日，它的成立是美国进步时代的一大重要标志，与推动性别平等以及打破之前镀金时代的垄断和腐败等重要历史事件齐名。而国家公园署最初的历史，要从内华达雪山和约翰·缪尔说起。

19世纪美国的西进运动让许多深藏在荒野山峦中的壮美景色展现在了人们的面前。一些艺术家将这些景色绘制成画作，让东海岸繁华区域生活的人们大开眼界。这些艺术作品的大卖，吸引了更多的人前往西部去创作、旅行、体验自然。其中包括了约翰·缪尔。缪尔是苏格兰人，后来移居美国。他是个自然主义者，毕生都非常关心环境保护，非常向往野外，并因此获得外号"山里来的约翰"。他从威斯康星大学毕业以后，在一家实验室里工作。1867年，他做实验的时候发生了意外，把眼睛弄伤了。养伤期间，他从报纸上读到了一则关于内华达雪山的消息，这改变了他的一生，也改变了美国。

十几年前，一队全副武装的雇佣兵，受淘金者的委托，从旧金山出发，深入了内华达雪山的腹地，去报复曾经袭扰过淘金者的印第安人。这队雇佣兵发现了一个巨大的峡谷，他们把这个峡谷命名为约塞米蒂，这个词原本是对他们要寻找的那个印第安部

约翰·缪尔的晚年照片（1907年）

落的蔑称。有一位雇佣兵是美国铜父霍顿的侄儿，受过良好的教育，和其余只会打打杀杀的雇佣兵不一样。他对这座峡谷陷入了痴迷，返回旧金山后，逢人便提及那里的景色。久而久之，内华达雪山中有一个天堂般的世外桃源这个消息便在人群中传开了，但最初人们对此要么不感兴趣，要么是将信将疑，因为一些人按照雇佣兵的描述去寻找这个峡谷，但都没有找到。直到1859年，一位淘金失败而转战旅游服务业的英国人再次发现了这个峡谷，并带回了珍贵的照片，这才让人们完全相信了雇佣兵的话。

不久之后，东部的艺术家们闻讯而来，其中包括了一位大咖，纽约中央公园的设计师奥姆斯泰德。奥姆斯泰德游览了约塞米蒂之后，对其是赞不绝口。经他这么一捧，约塞米蒂立刻就火了，艺术家、登山家、有钱的商人大佬们接踵而至，纷纷来这个世外桃源一饱眼福。约翰·缪尔正是在养伤期间读到了奥姆斯泰德的评价，决定自己亲眼去看一看。

由于到约塞米蒂的游客逐渐增多，一些危机也随之而来：外来者对环境的破坏，以及对野生动物和原住民文化的威胁。当时加州政府也意识到了人们对约塞米蒂的破坏。一位议员提出，把约塞米蒂及附近的一些山谷交给加州政府来管理，以便于保护这块特别美丽的地区。他的这个提议被时任总统的林肯批准。于是在1864年，约塞米蒂的管辖权正式交给了加州政府，成为政府直属的土地。

约塞米蒂山谷 马克·米勒（Mark Miller）摄影

　　这件事对后来国家公园的建立非常重要。在美国的法律体系下，普通的土地是可以买卖的，是私有制。而一旦土地交给州政府或者联邦政府管理，便成为政府直属的土地，那就变成了公有土地，不得再被买卖。约塞米蒂开了这么一个头，以后的国家公园，都是政府管辖的公有土地。加州政府宣布，约塞米蒂会被用于公众的游览和娱乐，所有公众都有权来欣赏这里的自然景色。这也就是后来国家公园系统宗旨的一部分。

　　约翰·缪尔的伤刚刚痊愈，就迫不及待地赶往了加州，来到了约塞米蒂。当他走进了这条13千米长、接近1600米深的大峡谷之后，他就再也不想离开了。曾经因伤而短暂失明的他，十分珍惜约塞米蒂在视觉上给他带来的震撼。他对周围的人说：约塞米蒂是他所见过的最伟大的自然奇迹。

　　约翰·缪尔给了约塞米蒂如此之高的评价，不仅仅是因为他热爱自然，还因为他是个深受超验主义影响的人。所谓超验主义（Transcendentalism），也被称作美国文艺复兴，是19世纪30年代在美国东部（特别是新英格兰地区）兴起的一项文学和思想运动。它主张人可以越过感性和理性而直接与神和真理进行沟通，从而直接找到真正的自我。

　　当时正值工业在美国腾飞之时，但崇尚超验主义的人普遍反对工业化。在他们看来，大自然才是联系人和真理的唯一纽带，而工厂冒出的浓烟、河流里流淌的污水、田野上纵横的轨道，都是对纽带的破坏。这些人也喜欢纵情山水、淡泊名利。比如超验主义的先驱、美国文明之父艾默生，本来是神职人员，但他放弃了这份备受尊敬的工作而去欧洲的乡间旅行，写出了很多歌颂自然和田园的散文和诗歌。另一位代表人物梭罗，原为哈佛大学的教授，辞职之后到波士顿郊外的一个小湖边，盖了一座小木屋，

瓦尔登湖边的梭罗小木屋（复建）

开始了半隐居的生活，后来把这段经历写进了《瓦尔登湖》这部经典的文集，歌颂自然和简朴生活。

到了19世纪后期，超验主义仍然在美国有很大的市场。那时的美国处于镀金时代，贪婪的商人和贪腐的政客们为了钱，无所不用其极。工人们被榨干了剩余价值，而自然环境也被破坏得面目全非：在东部的许多地区，河流水质恶劣、森林砍伐殆尽、城市笼罩在石灰和煤炭的呛人气味里。一些有识之士开始倡导反腐反垄断，促进市场公平，保障平民特别是妇女的权利；而许多超验主义者则成为环境保护的呼吁者，其中就包括缪尔。

在约塞米蒂，缪尔觉得他自己的灵魂已经和这片山谷里的一草一木都连接在了一起。山谷里的一切就仿佛是自己的心和灵魂。他甚至经常在山谷里同岩石、花草和小动物说话。久而久之，周围的人们便觉得他有精神疾病。比如，当时加州的首席地质学家惠特尼，到约塞米蒂做野外调研，遇到了缪尔。缪尔也学过地质学，他对惠特尼说，约塞米蒂山谷应该是和冰川有关。可是，他并没有向惠特尼提供任何地质学上的理由，而是声称，这是他自己通过和自然的心灵感应得出的结论。惠特尼早就听说了人们对缪尔的议论，于是他默认了这是缪尔给他排除的一个错误选项：既然缪尔说这个山谷是冰川切出来的，那它就肯定和冰川没关系。结果，惠特尼始终也没弄明白这山谷是怎么形成的，因为后来的研究表明，约塞米蒂山谷的成因真就是冰川刨蚀。

早期国家公园的管理危机

缪尔深深爱上了约塞米蒂，于是他把家搬到了加州，和加州的一位农场主的女儿结了婚，过起了田园牧歌、闲云野鹤的生活。这期间，发生了一件重要的事：美国乃至全世界第一家真正意义上的国家公园，黄石国家公园，在1872年的3月1日成立了。和约塞米蒂被交给加州政府管理不同，黄石被直接交给了联邦政府管理。这本来是一件值得高兴的事，但很快就变成了一个烦恼：公园招不到管理员。

对于一般人来说，短时间去野外旅游是陶冶情操、洗涤心灵，但长时间驻扎野外是受不了的。而且在黄石那种充满野性的地方，有密林、泥沼、野兽、苏族人，可谓是步步杀机，因此很少有人愿意去应聘管理员。第一位黄石管理员接受这份工作的原因很牵强：他的名字的缩写是 NP，和国家公园的缩写一样。接手之后，他才发现这是个大坑。于是在他任职的五年里，一共只去过两次黄石，这种当官的方式基本上等于中国古代的"遥领"。

1883年，北太平洋铁路竣工，通到黄石公园的东门，黄石的游客就多了起来。政府也知道公园不能继续这样没人管了，于是他们就近调来了刚和苏族人打完仗的军队，驻扎到公园里。然而这支美军虽然作战勇猛，但管理公园确实不是他们擅长的工作。黄石地域广阔，森林遍布，道路崎岖，难以巡视，当时也没有出台完备的法律法规，让军队无章可循，根本起不到应有的作用。公园仍然受到各种威胁，野生动物照样被猎杀，森林照样被砍伐，野性之美照样被破坏。最终，美国不得不派出在南北战争中立下大功的名将谢丽丹，让他去"镇守"黄石。谢丽丹率领自己麾下那支功勋卓著的骑兵团进驻了黄石公园，通过铁血镇压和驱逐的方式，才终于清理掉了公园里的盗猎者、逃犯和原住民，让保护黄石的局势缓和下来。谢丽丹去世后，他的骑兵团总部一直驻扎在黄石，直到第一次世界大战被调往前线才离开。

黄石遭遇的危机，约塞米蒂也一样不少地遇到了。由于约塞米蒂距离人口稠密的旧金山地区很近，因此那里的危机和黄石比起来，只多不少。1890年，约翰·缪尔又回到了约塞米蒂。这一趟旅行让他非常生气：他发现这片他深爱的土地正在遭受破坏。岩石和树木上被刻满了到此一游，有的大树底下还被挖出了隧道，溪水和山谷里全是垃圾。缪尔很恼怒，他开始疯狂地在各种渠道上发表文章，来谴责这样的破坏，呼吁联邦政府的介入。他在文章里说，这些荒野的景观是天赐美国的礼物，是独立的超灵，不应该被人类肆意开发和破坏。

由于他异于常人的举动，使他在约塞米蒂以及旧金山附近，已经算是个有名气的公众人物了，他发表的文章被很多人传阅。最初，人们是准备看这位"异人"会发表什么高论，但后来大家逐渐意识到，这位行为举止诡异的人，是一位真正的自然主义者，而且科学素养很高，于是大家改变了对他的看法。果然，在他的潮水般的文章轮番轰炸下，政客们意识到了约塞米蒂的危机。一些支持缪尔的政府官员于是开始向国会施压。终于，这件事情惊动了白宫。1890年10月，总统签署了条令，正式把约塞米蒂升级

红杉树国家公园

为国家公园。同时升级的，还有同在内华达雪山上的大红杉树和格兰特将军树（即今天的国王谷）两座公园。

但缪尔还是不放心，因为他知道黄石公园建立之初的混乱管理给那里带去的破坏。他决定亲自管理那片自己心爱的土地。他联系了加州大学伯克利分校的一位和他意气相投的教授，两人创建了雪山俱乐部（Sierra Club，又译西耶拉俱乐部），专为内华达雪山上的几个国家公园服务。不久之后，他们又找到了一位刚到加州的生物学家来担任俱乐部的主席。这位生物学家原为印第安纳大学的教授，当时加州的一位铁路大亨新成立了一所大学，四处聘请校长，却因为学校的发展不被看好而没人愿意担任此职，最终只有这位生物学家接受了邀请。

生物学家刚到加州，就认识了缪尔，并被缪尔对大自然的热情打动，于是很爽快地担任了俱乐部主席。那所新大学的发展完全出人意料：它就是斯坦福大学，而这位生物学家就是斯坦福大学的首任校长戴维·约翰。如此一来，雪山俱乐部就同时获得了当时西海岸最好的两所大学（加州大学和斯坦福大学）的支持，因此很快壮大了起来，而缪尔的影响力也因此不断提升。在他的影响和号召下，内华达雪山上的几座国家公园得到了很好的管理，为后来的诸多国家公园树立了典范。

缪尔与老罗斯福总统

终于，缪尔迎来了自己的人生巅峰。1903年，他又回到了约塞米蒂，这一次他带去了一位重量级的贵宾，美国总统老罗斯福（即西奥多·罗斯福）。老罗斯福是美国最伟大的总统之一，和华盛顿、杰斐逊及林肯一起被雕刻在总统山上。他带领美国离开了充满贪婪和腐败的镀金时代，走进了进步时代。他最被人铭记的，除了惩治贪腐和反垄断外，就是他极力倡导的保护自然、保护动物以及可持续发展的主张。他任满之后刚离开白宫，就立即前往非洲和南美洲探险去了，可见他是在美国历史上绝无仅有的无比热爱自然的总统，而这些热爱的源泉之一，就是来自这一次的约塞米蒂之旅。

老罗斯福在西部巡游时遇到了缪尔，两人交谈得非常投机。缪尔带着罗斯福登上了约塞米蒂峡谷旁边的山峰"冰川点"（Glacier Point）。在这座山顶上，老罗斯福把整个峡谷的景观尽收眼底，当晚，两人在那里点燃篝火，搭起帐篷过夜。后来老罗斯福回忆说，那是他经历过的最难忘的夜晚。随着篝火一起被

老罗斯福（左）和缪尔在约塞米蒂的冰川点

点燃的，还有藏在他心里的对大自然的爱。

　　也正是这一次旅行，改变了美国很多山林原野以及历史古迹的命运。在总统的宣传和大力支持下，一大批新的国家公园被建立了，其中包括了雷尼尔山以及火山口湖等当下热门的公园。大峡谷虽然没有立刻建成国家公园，但也在老罗斯福的钦点下被列为保护区。更重要的是，老罗斯福在1906年推出了《1906年古物法》（*Antiquities Act of 1906*）。这条法案规定，所有有科考价值的远古遗留物，不管是自然的还是人文的，都要被保护起来，建立为国家地标（National Monuments）。

　　建立国家地标的程序要比国家公园简单得多：不需要通过国会，总统自己就可以做主，但它受到的保护力度和国家公园是一样的。这样就大大简化了建立保护区的程序，也让更多的值得保护的区域能够被列入政府直辖的土地。这些地标根据不同的种类，分别归于内政部、农业部和国防部来管理，不允许进行任何工业

和商业开发；如果要在那些地方进行考古等考察活动，也必须要事先申请许可证。于是，大量的有自然和历史价值的土地都被保护了起来。

此时的缪尔已经到了晚年，但他仍然在为约塞米蒂以及别的国家公园的未来操劳着。他经常联络雪山俱乐部，组成野外考察队，去内华达雪山深处，奔走在几个国家公园之间，研究着如何才能更好地保护当地的环境问题。老罗斯福总统到期卸任后，接替他的塔夫脱总统和威尔逊总统基本继承了老罗斯福的政策，让美国正式进入了进步时代。

两位环保先锋的争执

到了1916年，美国已经拥有了很多国家公园，为了让它们得到更系统有效的管理。美国国家公园署诞生了。当时欧洲正在打第一次世界大战，美国也正要准备加入第一次世界大战，主要精力都在备战上，对于成立国家公园署的提议，国会没有经历什么波折就迅速通过了。这一年8月15日，总统威尔逊签署了文件，标志着国家公园署的诞生。

可惜的是，国家公园之父约翰·缪尔没有活到这一天。他于1914年在洛杉矶因肺炎去世。虽然没有官方的证据，但很多人推测，缪尔的肺炎是因为生气所致。那么是谁让他在生命的最后时刻还在生气呢？是他的一位老朋友，另一位在进步时代的环保事业中做出了巨大贡献的自然主义者，美国林业署的长官吉福尔德·品修特（Gifford Pinchot）。

　　品修特是一位热爱自然的政客，原本是宾夕法尼亚的州长，后来到林业署担任要职。最初，品修特和缪尔是好友，也为国家公园的成立做出过贡献。但是两个人在对待和开发国家公园的具体细节上有分歧。缪尔觉得，要无条件、不计代价地保护自然景观和各种自然资源；而品修特觉得，自然资源固然要保护，但是也不能因噎废食，完全不开发，只是开发的时候要注意保护环境，要注意可持续发展。后来，两人因为在这个细节上的分歧而变友为敌，成了一对宿敌。

　　两人的敌对情绪在约塞米蒂的水资源开发问题上愈演愈烈。在20世纪初，旧金山的淡水资源面临压力。加州政府决定在内华达山脉的赫奇哈奇山谷里建立一座水坝，高峡出平湖，形成一个巨大的水库，然后再挖一条水渠连到旧金山，这样来解决水源的危机。可问题是，一旦这个赫奇哈奇山谷蓄水成湖，一部分的约塞米蒂国家公园就要被淹没。

　　约翰缪尔立刻发言，表示反对。他一表态，这件事情立马就引起了广泛关注。雪山俱乐部拉着两所名校站了出来，鼎力支持缪尔，两校在各行各业的有影响力的校友也纷纷发言，谴责修建水坝的提议，他们的声音占据了上风，眼看建坝的计划就要放弃了。结果，天有不测风云，在1906年，旧金山发生地震，引发大火。结果因为没有足够的水来灭火，大火造成了很大的损失。于是反对缪尔的理论、支持修建大坝的人，就得到了足够多的支持，毕竟荒野和国家公园都是在遥不可及的地方，避免眼前的城市受到破坏，才是当务之急。这些支持水坝的人里面，声音最大的就是品修特。

争论到了1913年，终于有了结果。国会同意在赫奇哈奇山谷修建水坝。威尔逊总统签署了决议。这对缪尔来说是一个巨大的打击。约塞米蒂就是他的灵魂，现在他的灵魂要被人给生生拆散并淹没了。七十高龄的他整天郁郁不乐，最后拖垮了身体，得了肺炎，第二年就去世了。赫奇哈奇的大坝在他死后，于1923年修建。

赫奇哈奇大坝

缪尔去世后，他的大旗并没有倒。在他支持者们的努力下，国家公园署在他去世两年后成立，随后，国家公园的建设进入了井喷阶段，一大批新的国家公园纷纷设立。到了1930年代，国家公园署的一位早期领导和老罗斯福的堂侄（小罗斯福总统）成为朋友，并拉着小罗斯福去蓝岭山宿营游玩，利用美景成功地打动了小罗斯福。在小罗斯福执政期间，国家公园署得到了长足的发展，以前归在其他部门的国家地标、国家历史公园等项目，都被划给了国家公园署统一管理。

从此，国家公园的管理上了一个台阶，不仅国家公园的自然保护水平提高了，而且还修建了用于环保的基础设施。并且在汽车大规模投入使用之际，国家公园署的早期领导们解决了汽车和环保之间的矛盾，公园对汽车开放，吸引来了更多的游客。到现在，国家公园署已经发展成包含59个国家公园以及诸多的国家地标、国家湖滨、国家海滨、国家河道、国家遗产区、国家娱乐区、国家步道、国家历史名胜、国家古战场、国家纪念园等在内的庞大系统，一共有四百多个成员，是美国的环保、科研、休闲观光等诸多事业的重要组成部分，其属下有两万多名专业雇员以及每年成千上万的志愿者来保障其顺利运行。

人们肯定了缪尔在环保以及国家公园的建立上所做出的贡献，将他誉为国家公园之父。他成为美国进步时代在环境保护事业上取得一系列成就的一大代表，也为今天完善的美国国家公园署奠定了基础，为世界保留了一片片值得保留的自然景观，为许多濒危的动植物留下了繁衍生息的栖息之所。他在内华达雪山上享受自然和考察生态时走过的步道，被维护了起来，成为今天的约翰·缪尔步道。雪山俱乐部也由一个单纯的环保俱乐部，逐渐发展成了一个非常专业的户外活动俱乐部，至今仍然是许多户外探险活动的组织者。

埃迪塔拉德小径：雪橇犬造就的阿拉斯加奇迹

阿拉斯加州虽然远离美国本土，但却是美国面积最大的州，其面积是第二大州得克萨斯州的两倍。如果它是一个国家，那么它的国土面积可以排在世界前20位。如此广阔的土地，却有1/3位于北极圈以北，剩下的大部分区域也处于亚寒带，冬季漫长而寒冷，降雪量很大。在这种遥远而荒凉的地方，交通条件在很长时间里都很差。就算是在科技发达的今天，阿拉斯加北部也只有一条孤零零的道尔顿公路，从其腹地的费尔班克斯直插北冰洋沿岸的油田，和它相伴的也只有一条输油管道。

在阿拉斯加州的公路开始修建以前，狗拉雪橇是当地最常用也是最有效的交通工具，而负责拉动雪橇的阿拉斯加雪橇犬是当地人最好的伙伴。从1973年起，阿拉斯加州开始举行一年一度的埃迪塔拉德狗拉雪橇大赛。埃迪塔拉德狗拉雪橇大赛是美国乃至全球最著名的长距离狗拉雪橇赛事之一。

赛事的路线是南部城市安克雷奇和西北部的小镇诺姆之间的

埃迪塔拉德小径（Iditarod Trail），全长约1600千米，几乎斜穿了大半个阿拉斯加州。其中在卡尔塔戈和欧菲尔之间的区域，小径分为南北两支，偶数年份使用南线，而奇数年份使用北线。每位选手会和十六只雪橇犬一起，在三月初的冰天雪地里长途跋涉八到十五天，有时甚至会经历零下50摄氏度以下的极低温。每位跑完全程的选手都会得到奖励，第一名会得到大约六万美元的奖金，而获得第一名的雪橇犬会得到金项圈。

阿拉斯加人非常重视这项赛事，在他们的精心经营下，这项赛事已经成为阿拉斯加一年一度的狂欢和盛典。但在最初，举办这项赛事是为了纪念在1925年的冬季风暴中，埃迪塔拉德小径上由阿拉斯加的橇夫和雪橇犬们创造的一次奇迹。

阿拉斯加的第一条路

埃迪塔拉德小径最初是阿拉斯加的原住民（包括因纽特人等）进行狩猎和旅行的道路，在茫茫雪原上，只有这条小径能帮助原住民找到方向。在阿拉斯加尚未开化的年代，这条路能给原住民带来食物，也能让不同部族的村落之间互相连通，因此它被称为阿拉斯加的第一条路。它的主线从阿拉斯加最南部的苏厄德出发，一直到西北部的诺姆，除此之外还有许多支线，通往阿拉斯加腹地的冰天雪地里。"埃迪塔拉德"这个名字，就来源于当地土著的语言，意思是"遥远的地方"。

18世纪到19世纪初，俄国人通过俄美公司进入了阿拉斯加，但他们只开发了相对温暖的南部海岸，对于广袤的阿拉斯加腹地，他们几乎一无所知。1867年，美国人买下了阿拉斯加，但同样对这片寒冷的不毛之地缺乏兴趣，只有少量的探险家对阿拉斯加的内陆进行着探索。但在19世纪接近尾声的时候，探险家们在阿拉斯加西北地区发现了黄金。无论是世界的哪个角落，黄金的吸引力都是无比巨大的。1898年，探险家们将这个消息公开，在一年的时间内，淘金的人便大量涌入阿拉斯加。

在当地原住民的带领下，淘金者们坐着狗拉雪橇，冒着严寒赶到了金矿所在的西北海岸，在北极圈附近建起了一座小据点，起名叫诺姆（Nome）。仅仅到了第二年，诺姆的人口数就突破了一万。不用多说，这些人都是通过埃迪塔拉德小径来到诺姆的，这也是埃迪塔拉德小径第一次为世人所知。

318

　　最初，雪原中的埃迪塔拉德小径在部分路段，路线并不固定，且沿途容易发生危险。1908年，阿拉斯加领地的政府决定派专人去勘察并维护这条小径，不只是为前往西北部的人们提供便利，而且还想趁机开发阿拉斯加的内陆。然而政府的努力却并没有换来太多的回报：诺姆当时探明的黄金储量并不多，很快就被采尽了，大失所望的淘金者们纷纷离去，埃迪塔拉德小径从此无人问津。

　　但是到了1910年，一轮更大的淘金热又在阿拉斯加被掀起，诺姆附近重新发现了更多的金矿，而且在阿拉斯加腹地的鲁比以及欧菲尔等地，也发现了黄金以及其他的矿产。来自美国各地的淘金者以及各矿业公司的矿工们蜂拥而至，在阿拉斯加的内陆修建起一个个据点和小镇。政府疏通的埃迪塔拉德小径终于派上了用场，成为这些矿业小镇与外界的唯一联络线，也是唯一的物资供应线。这条小径上唯一的交通工具就是狗拉雪橇。最初负责为淘金者和矿工们驾驶雪橇的是阿拉斯加的原住民，到后来，这些淘金者自己也学会了驾驶狗拉雪橇以及训练阿拉斯加雪橇犬的方法。

早期淘金者坐着狗拉雪橇到达矿区

阿拉斯加雪橇犬（又称马拉穆特犬）是常见的雪橇犬，它们的外形和西伯利亚雪橇犬（即俗称的哈士奇）非常相似，但体型更大，体力更充沛，只是速度稍慢。虽然它们对人类很友好，但和其他雪橇犬（比如哈士奇、格林兰犬和萨摩耶）相比，它们对别的动物的攻击性更强，因此在很早的时候，它们就被阿拉斯加和加拿大北部的原住民驯化，除了拉雪橇之外还可以当猎犬，甚至可以猎杀棕熊和海豹。

到了20世纪初，白人已经从原住民那里学会了阿拉斯加雪橇犬的训练方法，后来这些雪橇犬被引进到世界各地，在极地探险以及冰海救援等工作中发挥了很大的作用。但阿拉斯加雪橇犬留下的最光辉的一笔，还是在它们的故乡阿拉斯加于1925年发生的一场冬季风暴里。

暴风雪中的千里驰援

1925年，阿拉斯加的冬季风暴比往常都要强烈，这场风暴让通往诺姆的航道提前上了冻，一艘前往诺姆的货船被迫中途返航。当时，诺姆附近的黄金已经开采殆尽，大部分淘金者早已离去，只有大约几百户人家共计2000人留在了那里。不过，麻雀虽小五脏俱全，诺姆城内的各种设施倒还算完备，过冬的物资也算是充裕，得知那艘货船返了航，小镇的大部分居民们虽然有点失望，倒也没有任何惊慌，只有一个人除外。

这个人叫科尔蒂斯·维尔彻（Curtis Welch），是小镇唯一的医生。他和手下的几名护士一起，在诺姆管理着一家小医院。这家医院是政府资助的，也是诺姆及附近几个小镇唯一的医疗机构。在1月下旬，一位因纽特人跑到医院求助，说他的两个孩子生了重病，快不行了。维尔彻赶到了这个因纽特人的家中，发现两个孩子得了严重的扁桃体炎。他尽力医治，却没能挽回这两条生命。他询问了孩子的母亲后得知，这两个孩子从发病到死亡只有三天时间。此时，维尔彻心中充满的并不是伤心或自责，而是深深的不安：单纯的扁桃体炎，不应该这么轻易就置人于死地，这两个孩子得的很有可能是白喉病，一种严重的细菌感染，非常易于传染。

由于医院设备简陋，维尔彻没法通过化验来证实他的猜测。他把他的想法告诉了几个护士，但护士们都觉得这不太可能，因为在阿拉斯加还从没出现过这种病。然而没过几天，一位白人的孩子也得了重病。这一次，维尔彻医生在这个孩子的喉咙上看到了白喉病典型的灰白色斑块，佐证了他的想法。

维尔彻感到大事不妙。白喉病是一种可以致命的传染病，如果不及时加以控制，不仅患者会死亡，就连他们身边的人也会被感染。治疗白喉病，需要用到特殊的抗毒素和血清，而在入冬之前，医院的抗毒素和血清就用完了。当时他就给位于朱诺的阿拉斯加领地政府发去了电报，让他们向诺姆运一些抗毒素和血清过来备用，没想到提前到来的冬季风暴让航路阻断，那艘返航货轮上的物资里，就包括了维尔彻预订的抗毒素和血清。

维尔彻赶快找到了诺姆的市长商量对策。市长听了维尔彻的汇报，也是大惊失色，因为血的教训还历历在目：就在六年前，因为冬季缺少药品，一场流感将阿拉斯加北部的一个原住民村落变成了死村。根据维尔彻的推算，如果在两周之内找不到足够的抗毒素和血清，诺姆可能会重蹈那个原住民村落的覆辙。而且这一次后果也许会更加惨重：白喉病从没有在这个区域出现过，诺姆附近的原住民对它根本没有免疫力，一旦病情爆发，局面将不堪设想。

市长和维尔彻一起向附近的城镇发去了求救电报，然而附近的那些小镇也没有足够的药品。最终，电报被转给了阿拉斯加铁路公司的一家附属医院。这家医院有足够多的抗毒素和血清，但它的位置在南海岸的安克雷奇，距离诺姆有1600千米。如何在冬季风暴下，两周之内将这些救命的药品送到诺姆，成了一个难题。大家提议，先用铁路将药品运到距离诺姆最近的位置，然后派出狗拉雪橇，将药品通过埃迪塔拉德小径的支线送往诺姆。

当时阿拉斯加铁路公司已经将铁路从安克雷奇修到了位于阿拉斯加腹地的中心城市费尔班克斯。然而，这条铁路基本是南北走向的，而诺姆则是在西偏北的方向。铁路沿线上距离诺姆最近的尼纳纳，离诺姆也有1085千米，狗拉雪橇按照正常速度要走至少25天。就在大家还在犹豫不决，讨论这么做是否靠谱的时候，他们又收到了诺姆的求救信号：白喉病开始爆发了，已经有50人出现了症状，药品必须要在十天之内送到，否则诺姆就完了。

没时间再讨论了，安克雷奇的人们决定就按这个计划拼一把。数万袋药品被装上了火车，带到了尼纳纳，当地最优秀的狗拉橇夫尚农（绰号"野人比尔"）早已经带着雪橇就位。然后，阿拉斯加乃至美国历史上最伟大的一次和时间赛跑的接力传递开始了。尚农用毛皮包裹好药品放在雪橇上，然后驱赶着16只雪橇犬，快速向西而去，进入了风暴和极夜之中。在此之前，安克雷奇和诺姆都向沿线的村落和据点发去了电报，让当地人都知道了诺姆的紧急情况。于是，沿途的村落和据点，都为尚农敞开了大门，给他和他的狗提供热水、食物和毛毯。

虽然尚农知道，每快一秒也许都会拯救一条生命，但他也很清楚自己和雪橇犬的极限在哪里。欲速则不达，在零下50多摄氏度的低温下，尚农凭经验掌握着最佳速度。在雪橇犬的体能接近透支的时候，尚农跳下雪橇，和自己的爱犬们一起在雪地里跑动，这不仅激励了雪橇犬，也保持了自己的体温。到了托洛凡纳，下一位橇夫已经等在了那里，尚农把药品交给了他，也给他传授了经验。随后，下一位橇夫接替了尚农，向西疾驰而去。就这样，从尼纳纳到诺姆，技术精湛的橇夫们展开了昼夜不停的接力传递。

在沙克图里克，第17位橇夫萨帕拉接过了药品。萨帕拉是参与行动的所有顶尖橇夫里最有声望的一位，当时的另一计划就是把药品空运到他的驻地，让他带着药品直接驰援诺姆，但因为危险性太高而作罢。他负责的沙克图里克到戈洛文之间的路段是最艰难的。那里是冬季风暴最严重的区域，接近零下70摄氏度的气温低过了药品的承受极限，药品随时都有损坏的危险，必须尽快抵达下一个站点戈洛文。

为了节省在路上的时间，萨帕拉决定改用体力稍差但是速度

萨帕拉和他的雪橇犬

更快的哈士奇，并且在途中要从冰封的诺顿湾海面上直接闯过去。萨帕拉和他的哈士奇们迎着时速105千米的大风，用尽力气径直冲过了诺顿湾，最终在药品冻坏之前赶到了戈洛

抵达戈洛文的东乡

文。然而，萨帕拉最喜欢的领头犬东乡[1]却在诺顿湾上的冲刺中耗尽了体力，并被冰碴划伤，抵达戈洛文之后就再也没有拉过雪橇。戈洛文的人们给东乡戴上了一块形似奖牌的项圈，来表彰东乡的优秀表现，这个项圈就是现在的埃迪塔拉德狗拉雪橇比赛的金项圈的原型。

在20位橇夫以及150条雪橇犬的努力下，原本在夏天都要花25天才能走完的路程，在冬季风暴和极夜中，他们只用了五天半

1　东乡（Togo），名字来源于萨帕拉的偶像——日本海军将领东乡平八郎。在2019年改编自本事件的电影中被翻译为多哥。

的时间就被跑完了全程。2月2
日，最后一位橇夫的领头犬巴
尔托将载满药品的雪橇稳稳地
停在了诺姆的市中心。不久之
后，又有第二批药品从尼纳纳
运到了诺姆。

负责最后一程的挪威裔橇夫卡森和他的领头犬巴尔托

　　在白喉病大规模爆发前，
维尔彻医生成功地将病情控制了下来。最终，这场原本有可能让
诺姆遭受灭顶之灾的白喉病，只导致了7人死亡。这一场狗拉雪
橇的接力，被人们誉为"阿拉斯加奇迹"，也被叫作"1925年血
浆长跑"或者"救援大竞速"。埃迪塔拉德小径及奔跑在小径上
的雪橇犬们一举成名，当地的雪橇犬后来在"二战"中被招进美
军，编入了驻守格陵兰岛的极地救援队。

1925年救援路线示意图

从伟大奇迹到盛大赛事

诺姆的这次危机也让阿拉斯加领地的政府汲取了教训，在那场冬季风暴之后，他们开始大力完善通往各个居民点的道路交通系统，并且兴建了很多机场。在交通更加通畅之后，阿拉斯加吸引来了更多的渔民和矿工，让这个领地的人口数目不断增加，它的经济地位也不断攀升。终于在1959年，阿拉斯加达到了建州的标准，作为美国第49个州加入了联邦。建州后不久，北极圈内发现了大量的石油，从此阿拉斯加成了美国最重要的产油区，其道路交通系统也因此得到了很大的改善。不过，狗拉雪橇这项阿拉斯加的传统文化，和埃迪塔拉德小径一起，在交通方式逐渐多样化之后，被人冷落了。甚至有些原来只能通过狗拉雪橇进出的村落，在公路或铁路修通之后，竟然连一个橇夫都没有了。

1967年是美国获得阿拉斯加州的第100周年。这一年，阿拉斯加州政府向社会征集评选本州历史上最重要的历史事件，1925年那次救援行动毫无意外地名列前茅。这时，政府中有人提出，阿拉斯加州应该做点什么来纪念那次伟大的救援。其中一位官员提出，要让人们永远记得雪橇犬以及埃迪塔拉德小径在那次事件中所做出的贡献，因此他提议，举办一场狗拉雪橇大赛，让当下全世界最顶尖的橇夫和极限运动员齐聚一堂，重走当年的路线。

他的提议受到了青睐，但有一个问题是，当年救援走的那条支线太过于偏远，沿线人烟太稀少。在那条路上举行大型比赛，不利于宣传，也不利于转播。于是又有人提出，沿着埃迪塔拉德小径的主干线进行比赛。埃迪塔拉德小径的主干线要经过安克雷奇这样繁华的区域，通往当年被救援的小镇诺姆，还要通过阿拉斯加腹地的一些经济不太发达的区域，包括当年发现了金矿的欧菲尔和鲁比等地。这样，既有利于赛事的宣传，又追思了历史，还能带动内陆地区的经济，可谓一举三得。

这个提议被采纳了。阿拉斯加州政府尤其看中了第三点。那一片区域在金矿枯竭后，经历了严重的人口流失，经济萧条不堪。有一些小镇，比如欧菲尔，被彻底地遗弃，成为"鬼镇"。由于远离繁华的区域和劳动力的缺失，剩下的小镇获得的关注度甚低，几乎得不到任何外来的援助，基础设施退化严重，教育也跟不上。如果能通过一项世界级的赛事，将人们的目光汇聚到那些小镇，就可以帮助它们重振经济。

阿拉斯加被废弃的矿业小镇

　　经过几年时间的准备和具体的路线规划和清理，第一届埃迪塔拉德狗拉雪橇大赛在1973年展开。此后，这项比赛成为一年一度的狂欢节，也成为阿拉斯加州最有名的体育赛事。这项比赛不仅让人们重新认识了埃迪塔拉德小径这条在阿拉斯加历史上举足轻重的道路，也在交通逐渐发达以及机械化雪橇大量投入使用的冲击下，维护了阿拉斯加的狗拉雪橇文化；沿途的小镇，也因为赛事举办获得了更多的关注，有的还成了旅游景区，为当地带来了额外的收入。

　　1978年，美国国家公园署新设置了"国家历史小径"的项目，埃迪塔拉德小径因其在阿拉斯加的原住民文化、早期开发以及那次伟大救援中起到的作用，被列为第一批次的四条国家历史小径之一，成为受联邦政府直接保护的历史遗迹。

纽约中央公园内纪念1925年诺姆救援的雕塑，原型是最后一段53英里的领头犬巴尔托，它于1933年去世后被做成了标本，收藏在克利夫兰博物馆

美国的母亲之路：
66号公路

　　如果要评选出美国境内最著名的一条公路，那么66号公路是最有可能获此称号的候选项。这条被誉为"母亲之路"以及"美国主大街"的公路，不仅沿途有秀丽的风光，而且还有悠久的历史，更重要的是它已经成为一种文化象征。就算最初的66号公路已经不复存在，被分割进了不同编号的新公路里，但它在美国人心中的地位，是任何其他公路比不了的。

　　66号公路东起美国第三大城市芝加哥，西至美国第二大城市洛杉矶，穿越了8个州，全长约3940千米，经过了五大湖地区、密西西比河、奥扎克山地、大平原、洛基山、莫哈韦沙漠等多个地形区，一直到达西海岸边的阳光小镇圣莫妮卡（紧邻洛杉矶）。最初，它只是美国编号公路系统中普通的一员，但在它建成以后，多次发生在美国本土的重要历史事件，都和它有着密切的关系，最终这些历史事件成就了一条传奇般的公路。

从一座桥到一条路

这条如今举世闻名的公路，最初却是在一个名不见经传的小人物的影响下修建的。这个小人物名叫塞鲁斯·阿弗里（Cyrus Avery），原为俄克拉荷马城的一名保险推销员，后来在20世纪初美国中部石油产业兴盛之际，到石油之都塔尔萨成立了阿弗里石油公司。这时候的美国刚步入进步时代，政府一改以前的贪腐，开始更加关注民意；同时那也是汽车在美国逐渐被普及的年代，福特公司的流水线生产成功地降低了汽车的成本，让广大的中产阶级都能够买得起汽车。因此，"好路运动"在美国大行其道，美国各地的人们呼吁政府，修整早已破烂不堪的公路，并建设更加密集的公路网，以方便人们开车出行。

阿弗里也参与了好路运动，并且很快就成了塔尔萨地区好路运动的领袖。和许多地区的好路运动参与者只是喊喊口号不同，阿弗里比较务实，他亲自加入了好几条不同公路的筑路委员会，其中在阿尔伯特高速路[1]的委员会，他还当上了会长。由于他人缘好，在委员会的工作也很出色，塔尔萨所在的郡邀请他担任郡长。在当郡长的任期里，他做了一件让塔尔萨上上下下都叫好的事：重建11街大桥。

塔尔萨在当时是一座石油城市，被誉为石油之都。它濒临密西西比河的重要支流阿肯色河，这条河把城市一分为二：市区在河流的东侧，而石油开发区大部分都在河流的西侧。连接河流两侧的是位于11街上的一座木桥。这座木桥最初是何时修建的，已经不为人知，但在1915年，这座桥早已残破不堪，不要说汽车，就连行人走上去都不安全，这给城市居民的工作和生活带来了很大的安全隐患。塔尔萨政府一直都许诺要重建这座桥，却始终因为各式各样的原因未能付诸行动。

阿弗里上任后，把重建这座桥作为自己的工作重点。终于在1915年，新的11街大桥建成通车。在如潮的好评之下，阿弗里有了一个新想法：既然11街大桥连通城市的两端是件让人高兴的事，那为什么不就此为基础，修一条公路，把塔尔萨和其他城市相连呢？这个想法得到了大量的支持，因为当时塔尔萨生产的石油及附属产品主要是运往五大湖工业区，运费比较高昂，修建一条连接塔尔萨和芝加哥的公路，对塔尔萨当地的经济有很大的促进作

1　连接阿肯色州与科罗拉多州的高速路，经过塔尔萨。

用。并且，塔尔萨和芝加哥之间，本来就有一条曾经用作军事道路的小径，只要将其拓宽、平整，就能满足人们的需求。

塔尔萨11街大桥（已于2008年停用，成为一个历史遗迹）

1926年，当公路在全国各地开始兴建的时候，美国成立了编号公路系统，而在阿弗里的游说之下，芝加哥到塔尔萨的这条路被列入了第一批新建编号公路的规划之中，并且它的西端被延伸到了洛杉矶。在几经争执后，这条路没有获得阿弗里想要的"60号公路"的编号，而是获得了66号。1927年，66号公路协会在塔尔萨成立，以11街大桥为基准开始铺设道路。

在66号公路基本定型之后，为了吸引更多的旅客，带动包括塔尔萨在内的沿途各地的经济，阿弗里想尽了办法推销这条路。他在各种报纸杂志上买下了大量的版面，来给66号公路打广告。第二年，他想到了一个新的方法：组织一次跑步穿越北美大陆的极限运动，让运动员沿着刚刚成形的66号公路，从洛杉矶跑步到芝加哥，再前往纽约，以此来获得全世界的关注，并提升66号公路的知名度。

这场极限挑战果然吸引了大量的关注，它被媒体大肆渲染，并全程跟踪报道。报名参赛的选手有200多人，其中很多为当时知名的长跑运动员，有50多个人坚持跑到了纽约的麦迪逊广场，其中来自俄克拉何马的切诺基人安迪以573小时的成绩获得第一名（平均每小时近10千米）。在完成全程的选手们获得英雄称号的同时，66号公路也第一次站到了聚光灯下。

阿弗里再接再厉，于1929年再度举办这项赛事。在之后的几十年里，这项赛事被重复举办过很多次，并获得了一个专有名称，叫邦尼恩德比（Bunion Derby）。对他来说，举办赛事的目的达到了，66号公路变得家喻户晓。但令他没想到的是，真正奠定66号公路在美国历史上的地位的，并不是这项极限运动，而是接下来发生的大萧条。

大萧条中的迁徙之路

1929年，就在第二届邦尼恩德比举办之后，工业腾飞和经济繁荣之下的隐患爆发了。10月29日，黑色星期二不期而至，纽约华尔街的股市崩盘，史上最大的一次经济危机，大萧条，给了在

"咆哮的20年代"[1]里高歌猛进的美国资本家们当头一棒，也让"一战"以后成长起来并憧憬着未来的"迷惘的一代"措手不及，变得更加迷惘。

实际上，大萧条的导火索早就埋下了，在工业化带动各行各业繁荣发展的时候，美国的中产阶级充满了安全感，手里的钞票毫无节制地被花掉，然后开始流行借贷消费，中产阶级账户上的赤字不断地攀升。同时，机械化的普及与技术的革新也让工作岗位在逐步减少。失业的普通工人愿意拿更低的工资以换取工作机会，久而久之便拉低了平均工资水平，降低了人们的购买力，导致工厂生产的产品卖不出去。而美国银行界的一些弊病和胡佛政府对市场的放任自流，也在暗地里加剧着危机。最初，这些危机都被各行各业繁荣的外表遮蔽，直到1929年10月底，所有的暗流破地而出，将美国经济那虚荣的外表彻底击碎。

黑色星期二这一天，许多美国人的所有积蓄都化为乌有，大规模的破产潮和失业潮随之而来，将近三成的家庭没有了收入，美国社会陷入了崩溃的边缘。无家可归的人们聚集在一起，在城市的空地上搭起了简易的棚屋以栖身，

大萧条时失去收入的家庭

并将它们命名为"胡佛村",以讽刺胡佛总统曾经给出的各种关于美好未来的许诺。甚至有人去森林里放火,只为让自己找到一份消防员的工作。

1933年,小罗斯福(即富兰克林·罗斯福)接替了胡佛,成为新的总统。他就任之后,推行"罗斯福新政",以挽救美国的经济。他采取了一系列措施,比如使用凯恩斯主义的理论,加强政府对经济的宏观调控;让美元贬值,以刺激出口;勒令银行停业休整,以挽回它们的口碑,等等。但其中最重要的一项举措是针对社会上的失业人群的:以工代赈,在全国范围内兴建各种基础设施和大型工程,以提供就业岗位,以此来提高人们的消费水平,从而刺激经济。

罗斯福新政时期修建的工程有很多,其中最著名的要数科罗拉多河上的胡佛大坝。实际上,胡佛大坝在罗斯福上台前的1931

胡佛大坝

年就开始动工，有数万人挤破了头，去亚利桑那州争抢那5000个工作岗位。这些人前往亚利桑那的路，便是66号公路，许多人因为交不起车费，甚至从芝加哥（乃至东海岸）沿着66号公路徒步走到了亚利桑那。

人们选择66号公路，不仅因为胡佛大坝就修筑在距离66号公路不足100千米的一处河谷中，而且还因为这条公路独特的走向。美国的公路大部分是横平竖直的布局，而66号公路是斜着贯穿了大半个美国，因为它的走向，它和大部分其他重要公路都有交汇点，因此前往西部的移民们都自然而然地走上了这条路。

这座200多米高的重力坝一共使用了248万立方米的水泥，这些水泥的原料也都是通过66号公路送往施工现场的。可以说，66号公路为胡佛大坝的修建提供了必要的路径，也为沿途城镇在大萧条时期的经济恢复做出了极大的贡献。除了胡佛大坝之外，西部还有许多别的工作机会，比如加州的几个国家公园也在大萧条前后重建了道路等基础设施，而66号公路同样也是参与这些项目的工人们的迁徙之路。

建设中的胡佛大坝

在胡佛大坝修筑的过程中，工人们经常到距离大坝30千米外的一座小镇去娱乐休闲。这座小镇最初是1855年由摩门教徒建立的一座据点，深处沙漠，缺乏水源。1905年，它被铁路工人们发展成了一个小镇。但铁路修完之后，工人们大多离去了，因为这里实在是太过干旱，又太过偏僻，甚至没有基本的电力保障，不适合居住。但对于修筑水坝的工人们来说，这里是方圆100千米之内唯一的娱乐之所。他们的蜂拥而至，为这座小镇带去了电缆和水渠。

工人们在小镇上的娱乐方式也很简单，一般就是聚在一起打牌赌博。为了吸引更多的工人前去带动那片沙漠的发展，小镇所在的内华达州政府通过了法律，让赌博合法化。当大萧条过去之后，许多新兴的商人们看中了这个小镇，在当地陆续开设了许多高级的赌场，让这座小镇发展成为一座彻夜不眠的狂欢之城。这座当年的小镇就是今天的著名赌城拉斯维加斯。胡佛大坝为拉斯维加斯提供着源源不断的电力，而大坝背后的水库则为拉斯维加斯引来了珍贵的水源。

1940年的拉斯维加斯

逃离烟尘碗

就在工人们因为大萧条而源源不断地涌上66号公路，前往西部参与工程建设，寻求新的工作的时候，他们的身后跟来了另外一群人。这群人走上66号公路是因为一场降临在美国中部大平原上的自然灾害，即美国历史上著名的环境灾难，烟尘碗事件（Dust Bowl，也称黑色风暴事件）。在美国中部的大平原地下，有一个庞大的地下水层，高平原地下水层（High Plains Aquifer）。这个地下水层覆盖面积大，水量丰沛，而且距离地表不深，是美国中部农业的重要水源。

然而，这样得天独厚的农业水源，却经不住人们的过度使用。随着过度抽水导致的水位下降，原本被地下水层浸透的细软沙土没有了水的包裹，风一吹，便被扬到了空中。同时，由于西进运动以来的不科学开垦和耕种，大平原上的植被被破坏殆尽，没有了植物根茎的禁锢，土壤很快就流失了水分，变成了沙尘。到了20世纪30年代，这一地区的地表大规模沙化，最终在大风的作用下形成了经久不息的超级沙尘暴。

这场超级沙尘暴在美国的中部持续肆虐长达10年之久，整个中部大平原以及洛基山东麓都深受其害，重灾区的几个州常常在白天伸手不见五指，而被吹往半空的沙尘，甚至随着大气环流，飘到了东海岸及加拿大，正因如此，那十年被称为"肮脏的三十年代"。其中在1934年5月11日，俄克拉何马西部的走廊区域发生了强对流天气，在各种连锁反应之后，一场"完美风暴"诞生了：以俄克拉何马西部为中心，出现了一个直径达1 000多千米、高度约3千米的超级风暴带。据估计，在中部大平原上，有3.5亿吨的泥沙被抛向了空中，就连遥远的纽约、波士顿和亚特兰大，在白天也暗无天日。这一天被称为"黑色星期天"，而这场持续了三天的完美风暴被称为"1934年黑色风暴"。

这场风暴让中部大平原的农业受到了毁灭性的打击。狂风和沙暴摧毁了地面至少5英寸厚的土壤，许多地区地面硕果仅存的可耕种土壤被彻底毁坏。风暴之后，至少1 000万英亩农田被毁，500多万吨小麦绝收。

黑色风暴照片

高平原地下水层及黑色风暴示意图

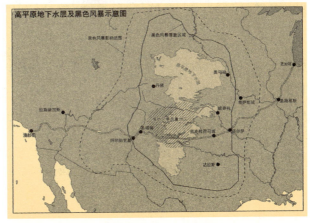

在俄克拉何马以及附近的重灾区，许多农民的土地彻底沙化，无法再进行耕种。他们只能背井离乡，迁往外地。东部的繁华地区在大萧条的冲击下，根本没有多余的就业机会给他们，因此对他们来说，最好的选择就是沿着66号公路一路向西，前往位于沙暴区以外、阳光明媚的加州。加州因为其独特的地理条件，是蔬菜和水果的种植基地。这些人来到加州之后，寄人篱下，在水果庄园里打杂。由于他们来时身无分文，地位很低，而且大部分又来自印第安人居多的俄克拉何马州，因此被人戏称为"俄州佬"（Okies）。

有关黑色风暴的最著名照片：图中难民为弗洛伦·汤普森，32岁的单亲母亲，在黑色风暴中失去了家园，带着7个孩子沿66号公路逃难到加州，他们后因这张照片获得政府的捐助，7个孩子全部幸存，她自己也活到了80岁高龄。

当时，加州作家约翰·斯坦贝克深入了解了这群逃荒者的遭遇和艰苦的生活，并以此为背景创作了《人鼠之间》和《愤怒的葡萄》等文学作品。其中《愤怒的葡萄》被誉

《移居的母亲》，美国著名纪实女摄影师多罗西亚·兰格作品

为美国20世纪最伟大的小说之一。由于这本书的影响力太大，反映的社会问题太尖锐，一些地区一度将其列为禁书。后来在这本书的影响下，美国政府被迫通过了资助受沙暴影响的农民的法案。

这部书让斯坦贝克获得了普利策奖，而以同样背景创作的《人鼠之间》则在之后为他赢得了诺贝尔文学奖。

这两本书不仅揭露了社会对那些逃荒者的不公平待遇，也再度捧红了66号公路。《愤怒的葡萄》讲述的是一个俄克拉何马农业家庭因大萧条和沙暴危机而破产之后，前往加州逃难的故事，其中有很多情节就发生在66号公路沿线。斯坦贝克认为，66号公路在昏暗的沙暴中，给绝望中的农民们指出了一条求生的公路，因此他把66号公路称为"母亲之路"。在这本书获奖以及被翻拍成电影之后，"母亲之路"这个称号就正式授予了66号公路。

叛逆者和反文化的乐园

经历了这些事，66号公路逐渐由一条单纯的交通线路，变成了一个文化符号。大萧条和黑色风暴让20世纪30年代的美国充满了绝望，但正是这种压抑在人们心中的绝望，诱发了美国艺术界的一次巅峰期。音乐、戏剧、绘画、雕塑甚至行为艺术的创作都进入了一个崭新的阶段，艺术家们在通过作品来反映社会问题的同时，也促成了许多创作上的革新，比如爵士乐的分支摇摆乐就在30年代兴盛一时，以满足人们的精神需求；电影和动画产业也迎来了大的发展，让人们借助胶片暂时忘记惨淡的现实世界。66号公路也被各种各样的艺术作品赋予了更多的文化内涵。

在大萧条以及黑色风暴过去之后，第二次世界大战爆发，66号公路成为全国各地的新兵前往加州圣迭戈军港（美国第二大海军基地、太平洋最大军港）的主要路径之一，这批被称为"伟大的一代"的士兵们，又给这条路赋予了光荣、牺牲、保家卫国等意义。走上这条路的新兵不仅有白人和黑人，还有被边缘化了很久的印第安人。这些来自俄克拉何马州各保留区的印第安人在太平洋战场上担任通信员，用自己民族的语言作为密码，让日本无法破译美国的情报，为战争的胜利做出了巨大的贡献。

"二战"之后，随着旅游业的兴起，许多位于西部的世外桃源和壮美景色逐渐为人熟知，吸引了许多东部的人，走上了66号公路；而西部那种异于东海岸的崇尚自由的牛仔文化也吸引着东部的年轻人，把66号公路当作追求个性独立和精神自由的途径。这些人把他们的生活方式、思维方式和艺术方式带到了66号公路的沿线，让66号公路的文化内涵更丰满、更多元、也更现代。

66号公路上的摇滚理发店

这些年轻人的精神和思想，从文学史上与他们大致同时的"垮掉的一代"的作品中可以看出。比如，"垮掉的一代"的代表作《在路上》，内容便是来源于作者凯鲁亚克自己驾车穿越美国的经历。在20世纪50到60年代，像凯鲁亚克这样的美国年轻人非常多，而他们穿越美国最喜欢走的路就是66号公路。这本毁誉参半的书也在一定程度上为之后越战时期兴起的嬉皮士运动奠

66号公路沿线的前卫雕塑

定了基础，它同时也反映了66号公路在那个年代被贴上的文化标签：叛逆、自由、奔放。

心中充满愤怒、沉迷在幻想中的年轻人穿梭在66号公路上，将前卫艺术、抽象艺术、摇滚乐和迷幻音乐带到了沿线的小镇上，把66号公路重塑成了一条非主流文化之路。很多文学、艺术和音乐作品也直接把66号公路作为创作灵感，比如一首早期摇滚歌《在66号公路找点刺激》（曾被《汽车总动员》用作主题曲）便是创作者在沿着这条公路旅行的时候所写，歌词基本是由沿途地名组成的流水账，发行后轰动一时，被很多人翻唱。"垮掉的一代"被看作是西方第一个后现代亚文化

66号公路沿线阿马里洛的卡迪拉克农场

（即小众文化），而之后的嬉皮士则是一次重要的反主流文化运动。66号公路见证了它们从出现到兴盛，再到逐渐回归主流的整个历程，公路沿线留存至今的那些现代抽象艺术作品便是它们留给后世的文化遗产。

在以高速公路为主体的美国州际公路系统开始大规模发展之后，66号公路在交通上的地位逐渐下降，并在1985年被正式从道路系统中除名。但它在几次大事件中累积而成的特殊文化风格却始终兴盛不衰，吸引着世界各地向往它的人们前去探寻，因此在它途经的几个州，都成立了专门的组织来保护这条已经被官方抛弃的公路。

从塞尔玛到蒙哥马利：
走向平权的87千米

在亚拉巴马州中部，有一座不起眼的小镇塞尔玛（Selma），它距离该州的首府蒙哥马利约87千米，中间由美国80号公路连接。就在这87千米的路上，发生过一件改变美国的社会以及众多少数族裔命运的大事，从而使这段原本平凡无奇的公路被永载史册。这件事便是发生在1965年平权运动时期的大游行。

在这场大游行中，集结在塞尔玛的数千名民权运动者，前后三次，徒步向州首府蒙哥马利挺进，进行和平示威，他们大多数是非裔美国人及其支持者，而他们的诉求很简单：黑人需要获得和白人一样的权利，包括投票权。沿途等待他们的是前来镇压的警察和民兵。这场大游行直接导致《选举法案》的快速通过，并在之后的时间里持续发酵，将平权运动推向了最后的高潮，最终让黑人等少数族裔赢下了平权运动这场旷日持久的斗争。

一次特殊的碰瓷

　　大多数非裔美国人的祖先，是以黑奴的身份进入美国的。在南北战争期间，林肯总统发布了《解放奴隶宣言》，将自由赋予了南方庄园里的黑人们。南北战争之后的1865年，美国通过《宪法》第十三条修正案，正式终结了奴隶制；1868年颁布的第十四条修正案则规定了不同人种间的平等关系。然而，虽然获得了自由，黑人们的社会地位和生存状态并没有得到显著的改善。世代为奴的黑人从没受过基本的教育，缺乏基本的生存技能，也没有任何的社会关系和经验。当南北战争的硝烟逐渐远去之后，留在南方的黑人逐渐发现，自己想要生存下去，还得要去以前奴隶主们的庄园上打工，干的活也和之前并无太大的差别，甚至原来有的"管吃管住"现在也不复存在。移居北方的黑人们的选择稍微多一些，可以投身于镀金时代的工业化事业，但在工厂和矿厂里，他们从事的也是不需要太多技能的简单工作，拿的是最低的工资，社会地位也最为低下。

　　获得自由的黑人来到了社会上，想要瓜分有限的资源，激起了许多社会矛盾，被白人敌视。美国的国情赋予了各个州较高的自治权，各州可以制定自己的法律和政策。在民主党（当时还是保守派）控制的南方各州，一系列针对包括黑人在内的少数族裔群体的不公正法律便逐渐诞生了。在1870年，《宪法》第十五条修正案明确指出，每一个美国公民都有选举权，不论民族、肤色、是否曾经当过奴隶。然而在南方各州，政府却通过本地的法规，从限制投票的注册等方式入手，变相地剥夺了黑人的选举权。

　　比如，在亚拉巴马、得克萨斯和佐治亚等州，人们在注册投票时，需要交纳以人头税为名义的注册费，而且收取的额度常常是从事简单工作的黑人们无法承担的。其中在佐治亚州，人头税的收取份额是逐年累积的，这样的情况下，哪怕一个黑人通过努力，在40岁获得了足以缴纳人头税的收入，也会对前面20年所欠下的费用望而却步，只好自动放弃投票权。这样一来，不仅黑人受到选举权的限制，许多别的弱势群体，比如家庭妇女和残疾人，也被波及。

　　与此同时出现的，还有在南方各州通行的《吉姆·克劳法》（Jim Crow Laws），即一系列被称为"平等但隔离"的政策和法律：为不同的族裔修建或提供不同的基础设施，以从空间上减少不同人种之间的接触。比如，黑人有自己的桌椅、盥洗池、公交车等，他们不被允许使用白人的相应设施。如果一个黑人擅自使用了白人的设施，即为违法。"平等但隔离"虽然从表面上看，是给黑人提供了和白人同等的基础设施，实际上却在南方各州助长了种族歧视。为了应对这些种族隔离制度，黑人和其他弱势群体一起发起了最初的抗议，许多社会活动家联合同情黑人的白人们，一起组建了平权组织和团体，通过各种方式在社会上奔走呼吁。他们的努力，终于在历史的长河里激起了一丝波澜。

1892年6月7日，路易斯安那州的社会活动家荷美尔·普莱西（Homer Plessy）故意登上了一节白人才能乘坐的列车车厢。普莱西只有1/8的黑人血统，从外貌上看，他和白人并无区别，因此在正常情况下，他不会有任何麻烦。然而，普莱西却把自己认定为黑人，他进行的是一次意图终止种族隔离制度的"碰瓷"。在他上车之后，他的盟友们故意将他"出卖"给了执法机构，于是普莱西不出意外地被逮捕了。

普莱西被送到了当地的法院。法官约翰·霍华德·弗格森（John Howard Ferguson）认定，既然普莱西自我认定为黑人，就不能登上这节白人才能来坐的车厢，于是他判普莱西有罪，须向铁路公司缴纳罚金25美元（在当时是个不小的数目）。普莱西拒不认罪，上诉到路易斯安那的州法院。州法院维持了原判。普莱西继续上诉，将审理此案的弗格森法官告到了美国的联邦最高法院。于是在1896年4月，这起在日后十分有名的"普莱西诉弗格森案"就摆在了最高法院大法官们的面前。

普莱西声称，根据《宪法》第十三条和十四条修正案，弗格森引用的《吉姆·克劳法》是违宪的，因此他的判决并不能生效。

4月13日，由九位大法官组成的最高法院正式接手审理此案，首席大法官是德高望重的梅尔维尔·富勒（Melville Fuller）。富勒是一位非常尊崇古希腊法制的大法官，认为法律大于一切。在那之前，他最为人所称道的就是提出了那句后来被刻在美国最高法院的楼顶上、在许多国家都妇孺皆知的"法律面前人人平等"（equal justice under law）。

在富勒的组织下，九位法官对这起案子进行了分析，并在5月18日进行了表决。表决那一天，有一位法官因为女儿意外去世而未能到场，自动弃权，剩下的八位法官以7:1的票数，判定弗格森没有违宪，普莱西必须缴纳罚金。富勒是站在多数人的那一边的，在他看来，路易斯安那的法律和判决都没有违背《宪法》及第十三条和十四条修正案。同时，富勒也并没有感觉到普莱西以及黑人在路易斯安那受到了任何不公正的待遇。黑人不准上只有白人能乘坐的车厢，但白人也不能上只有黑人能乘坐的车厢，因此这是一项公平的政策，符合法律面前人人平等的原则。

那张反对票来自约翰·哈兰（John Harlan）。哈兰出生在南方的肯塔基州，曾经是奴隶制的坚决拥护者，但在经历了血腥的南北战争之后，他改变了自己的看法，成为支持黑人和少数族裔的平权主义者。在投下反对票之后，他说："白人在这个国家享受着各种优待，从获得的成就、受到的教育、拥有的资源到掌握的权力。如果继续这样发展下去，我担心祖先留下的关于自由的遗产会受到损害……我们的宪法是色盲，不应该根据肤色来区分公民。我们的宪法应该把所有人都当作同样的人来看待，而不是通过社会阶层或肤色来区别对待人们……"

哈兰的这一番话，并没有影响其他法官的决定。得知最终结果后，他对其余法官说，这次判决将会成为美国历史上最重要的判决之一，会被后人反复讨论。因为他的慷慨陈词，哈兰后来被誉为"伟大的反对者"。普莱西诉弗格森案尘埃落定，而哈兰的预言也成真了。此后，南方各州纷纷引用这次判决，加大力度推广"平等但隔离"的各种法律和政策，黑人及其他少数族裔的权益被进一步剥削，直到又一个关键性的判决从最高法院传出。

择校风波

在普莱西败诉之后的50来年里，南方各州继续实行严格的种族隔离，但黑人追求平等的步伐从来没有放缓过。1909年全国有色人种促进会的成立，标志着少数族裔追求平等的斗争，从地域性的单打独斗，演变成全国范围内的统一战线。然而，由民族关系导致的社会矛盾，在美国不停累积，涌动的暗流终于在"一战"带来的紧张气氛中喷涌而出：1919年夏天被称为红色夏季，全美20多座城市发生种族暴动，其中以芝加哥最为严重。美国政府不得不采取措施，通过立法来减轻民族之间的矛盾。不过由于白人对黑人的歧视根深蒂固，这些措施的长期效果并不显著。

"二战"之后，随着美国家庭对教育的重视逐步提高，公立小学、中学和大学的教育体系在民间大规模普及。然而，学校里的种族隔离制度也同时被曝光在人们面前。和社会上的很多方面一样，许多学校也进行种族隔离：黑人的小孩只能去特定的学校上学，而那些学校的教学水平和资源远远落后于白人的学校；许多大学也很少录取黑人学生。在美国本土的48个州里，有17个州的学校进行立法隔离，4个州进行部分隔离，11个州保持中立，让学校自己决定，而明文规定禁止学校进行种族隔离的只有16个州。

为了获得同等的受教育权利，黑人的民权组织采取了一系列的行动，包括罢课、抗议和上诉等，但都没有获得想要的结果。比如在1947年，南卡罗来纳州的几位黑人家长要求一所黑人学校也像白人学校那样，提供校车来接送小孩上下学，但该校的校长竟然以黑人纳税不够多，无权享受白人那样的待遇为由，拒绝了这个要求。校长的说辞激起了公愤，在黑人社区及有色人种促进会的声援下，家长们将校长告上了州法庭。最后，校长让学校配置了一辆二手车，才勉强息事宁人，不过之后由于没有燃油费，这辆所谓的校车也成了摆设。那几位告状的家长在不久之后，纷纷被雇主给解雇了，而且在法庭上同情这些家长的一位法官，不久之后也被罢免，这背后的原因明眼人都能看出来。

类似的小案子在全国各地此起彼伏，它们在原本已经有严重族群对立的社会上，引起了恶劣反响。这些社会矛盾在1952年集中爆发在了堪萨斯州的托佩卡城。堪萨斯州是4个进行部分隔离的州之一，该州的种族隔离法律不像南方那些州一样严格，它规定：人口在1.5万以下的城镇不采取隔离制度，而人口在1.5万以上的城镇，是否采取隔离，由市政府自己决定。托佩卡是堪萨斯州的首府，属于人口1.5万以上的城市，该市规定，市辖区的公

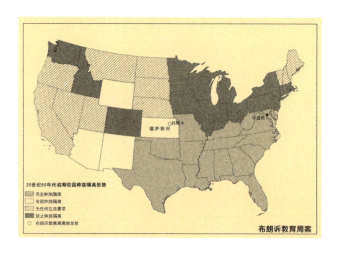

20世纪50年代初期校园种族隔离形势

- 完全种族隔离
- 有限种族隔离
- 无任何立法要求
- 禁止种族隔离
- ○ 布朗诉教育局废除地发地

堪萨斯州　○托皮卡　中盛顿

布朗诉教育局案

立学校，要采取种族隔离制度。

　　奥利弗·布朗是一名非裔铁路工人，居住在圣塔菲铁路的调车场附近。他在当地声望很高，在铁路公司上班的同时，他也在当地的教堂里当助理牧师。他的女儿所在的黑人小学在距离调车场8千米以外的地方，每天有大量的时间耗费在上下学的路上。而在调车场附近，有一所白人小学。于是，布朗向这所白人学校申请，让女儿转学到这所小学就读。学校以种族原因拒绝了布朗的申请。

　　由于布朗的社会地位不俗，他的遭遇引起了广泛的关注。早就希望打破种族隔离的当地黑人们，趁机把他推举为请愿的领袖，声援他进行诉讼，废除堪萨斯州的种族隔离制度。当地同情黑人的律师团体，以及全国有色人种促进会，纷纷表示支持。于是，布朗将这所白人小学告上了法庭。布朗认为，种族隔离制度施行至今，尊奉的原则是"平等但隔离"，然而白人小学拒绝他女儿入学，违反了"平等"这个元素。他的女儿被迫去很远的地方上学，而且黑人小学的条件也远不如白人小学，与附近社区的白人小孩比，他的女儿应该享有的平等早已经被剥夺了。因此，白人小学虽然遵守的是本地的法律，但这个法律违反了《宪法》第十四条修正案，应该废除。堪萨斯的法院接手此案后，很快就判决布朗败诉，因为法官们认为，虽然布朗的女儿要去很远的地方上学，但白人的小孩也可能要走很远才能上学。同时，虽然黑人小学的教学水平不如白人小学，但教学水平并不是实质的东西，而那些实质的比如教学楼、课程设置以及教职员工的配备，黑人小学和白人小学是实质上平等的。

布朗不服气，而黑人社区及平权团体更是不服。在全国各地好几个类似的案子都接连败诉之后，布朗决定，将自己的案子和其他的案子合并，向最高法院提起上诉。他的决定得到了黑人及其他少数族裔的广泛支持，有色人种促进会也为他请来了一位强援，著名黑人律师马绍尔（Thurgood Marshall）。于是在1952年底，美国历史上的又一桩"大案"，布朗诉教育局案，来到了最高法院。

1952年12月9日，双方进行了辩论，然而在法院做出最终裁决之前，一向保守的前任首席大法官去世，新的首席大法官是曾经担任过加州州长，还竞选过总统的厄尔·沃伦（Earl Warren）。沃伦在加州担任州长的时候，是著名的保守派，后来同是保守派的艾森豪威尔担任总统之后，将其任命为大法官。来到最高法院

呼吁取消校园种族隔离的游行

之后，沃伦却倒向了激进的平权派一边，在许多涉及种族问题的判决上，都偏向弱势群体。而布朗诉教育局案，正是他接手的第一起关于种族的要案。

1953年12月8日，双方在沃伦的主持下，再度进行辩论。黑人律师马绍尔表现得十分出色，舌战群雄，和几个保守派的法官平分秋色。沃伦深知这次判决将给美国社会带来非常大的影响，甚至会改变历史的进程。为了让这次判罚具备完全的说服力，沃伦积极协调着几位法官之间的意见，最终在马绍尔和沃伦的努力下，九位法官达成一致，以9:0的票数通过了布朗诉教育局案的判决：堪萨斯州的判决违宪，布朗胜诉。

沃伦代表最高法院做出的解释大致如此：在《宪法》第十四条修正案拟订的时候，以及普莱西诉弗格森案的时候，公立学校的教育尚未普及，因此以它们为根据做出的"平等但隔离"的判罚，对公立教育上的问题是没有参考价值的。受教育是每个公民所具备的权利，而建立在公立教育上的种族隔离，虽然在硬件设施等物质上可以算公平，但很多无形因素是不公平的。这些无形因素包括教学水平，钻研和交流的机会，以及对自我认同的培养等，而这些无形因素是教育中不可或缺的部分。因此，堪萨斯州在教育上的种族隔离，是违背《宪法》第十四条修正案的。

布朗诉教育局案成为美国历史上的一大焦点事件，该案在1954年宣布了裁决，在社会各界引发了轩然大波。表现出色的黑人律师马绍尔后来成为最高法院里的第一位黑人大法官。裁决宣布后，黑人和少数族裔奔走相告，他们取得了阶段性的胜利，准备趁热打铁，争取更多的权利；而保守派和种族主义者则是既失望又愤怒，极端者甚至引发了骚乱，双方的矛盾反而进一步激化了。比如在1957年，阿肯色州小石城的一些极端的白人，包围了开始依法录取黑人的公立学校，州长甚至派当地民兵去阻挡黑人小孩入学，得知此事之后，艾森豪威尔总统派遣了一个师的空降兵，空投到学校维持秩序，保护黑人学生的安全。这样的混乱场面，让原本看到希望的黑人们再度失望了，于是更大规模的抗议行动应运而生，席卷全国的民权运动（Civil Right Movement）就这样全面展开了。

聚焦亚拉巴马

民权运动进行得最激烈的地方，是有最典型南方州之称的亚拉巴马州。亚拉巴马州的种族隔离条例规定，公交车上的座位要按照肤色严格划分。如果白人的座位坐满，可以要求坐在黑人座位上的黑人让座。1955年12月1日，州府蒙哥马利，黑人妇女罗莎·帕克斯（Rosa Parks）按规定坐在一辆公交车的黑人座位上。这时候，车上的白人座位已经满座了。当又一位白人乘客上车后，司机要求帕克斯给白人让座，帕克斯拒绝了。于是，司机请来了警察，抓走了帕克斯。

帕克斯的被捕让全国各地的黑人群情激奋，同时表达愤怒的还有为女性权益奔走疾呼的妇女政治协会。一位支持妇女政治协会的亚拉巴马大学教授，连夜印刷了数万份传单，将帕克斯的遭遇公之于众，呼吁大家抵制蒙哥马利的公交车。三天之后，联合抵制公交车行动正式开始，所有的黑人教堂和黑人媒体纷纷发出了自己的呼声。12月6日，法院判帕克斯有罪，需要缴纳14美元的罚金，帕克斯当庭表示不服判决。向种族隔离制度宣战的号角就这样正式吹响了，帕克斯也成为一面旗帜，成为平权运动的标志人物之一。

帕克斯在法庭上

联合抵制公交车行动持续了一整年，蒙哥马利的公交车公司因此损失惨重。在这场联合抵制运动中，有一位牧师崭露头角，在之后的时间里成为黑人平权的领袖，将平权运动带到了最高潮，他就是马丁·路德·金。在马丁·路德·金的带领下，抵制行动获得了胜利，最高法院于1956年判决公交车命令黑人让座的法规是违宪的，从此以后，黑人和白人在公交车上拥有了同等的选

蒙哥马利联合抵制公交车游行

座权。然而，保守派白人的反击也随之而来，针对黑人乘客的枪击事件层出不穷，更有甚者，居住在蒙哥马利的几位民权领袖，遭到了炸弹袭击。

平权运动者并没有因此而退缩，随着马丁·路德·金等优秀演说家和社会活动家的崛起，平权运动的浪潮开始席卷全国。1963年，马丁·路德·金在林肯纪念堂前发表了《我有一个梦想》的演说，将平权运动引入了佳境。他所倡导的"非暴力"运动在全国盛行，黑人、少数族裔及他们的同情和支持者们的静坐示威，成为这场社会大变革中最亮眼的景观。在这样的环境下，南方各州黑人及弱势群体的投票权问题，逐渐浮出了水面。

就在马丁·路德·金那场著名演说发表的同时，希望获得投票权的黑人及少数族裔，在一些民间团体和教会的组织下，聚集到了蒙哥马利以西的小镇塞尔玛，发起了新一轮的和平抗议，以争取他们被变相剥夺了几乎一个世纪的投票权。在1965年2月，当马丁·路德·金等民权领袖加入这场示威后，平均每天有超过3000人在这座名不见经传的小镇上集会，一些同情弱势群体的白人也加入了他们的活动。

悲剧在不知不觉中发生了。2月18日，一位脱离大队的示威者被巡警逮捕，大批抗议者走向了警局进行抗议，于是有警察开枪了，将一名黑人射伤，并于几天后不治身亡。拍下这一幕的几名电视台和报社记者遭到了警方的围堵，摄像机被砸毁。这位黑人的死讯，点燃了和平抗议者心中的怒火，于是更加激进的抗议开始了。集会组织者提出了新的示威计划：从塞尔玛出发，向州政府所在的蒙哥马利挺进，用游行的方式来表达愤怒和抗议。

3月7日，星期天，大约600人组成的第一批游行者，沿着80号公路，向着蒙哥马利出发。当地的警察局早有准备。他们刚一离开塞尔玛，就和前来镇压的警察们迎头相撞。面对这些手无寸铁的示威者，警察们用警棍和催泪弹发起了攻击。有几个警察打红了眼，下了狠手，60多个人被殴打成重伤，随后被送往了

游行者与警察发生冲突

被打晕的阿梅利亚

医院。其中，一位叫阿梅利亚的黑人妇女被打得神志不清，直挺挺地倒在了一座桥上，而这一幕正好被一位记者拍到，没过几天，阿梅利亚被打成重伤的照片就传遍了全球。于是，这一天有了一个被载入史册的名字：血色星期天。

两天后，更加愤怒的示威者发起了第二波游行，而领队的是已经获得了诺贝尔和平奖的马丁·路德·金。和第一批游行者一样，第二波人在塞尔玛郊外的80号公路大桥上，和前来围剿的警察及民兵遭遇了。由于马丁·路德·金的声望实在是太高了，警察和民兵没有动手，双方在大桥上对峙了很久，最终警察决定在队伍中让出一个口子，让游行的人继续前进。而马丁·路德·金见警察让步，也领着游行的队伍返回了塞尔玛。

时任美国总统的林登·约翰逊知道此事之后，大为震惊。他知道，如果任凭事态发展，亚拉巴马州很有可能出现大规模骚乱。得知抗议者的诉求是获得投票权之后，他史无前例地召开了一次在全国直播的国会两院联席会议，尽快地通过了当时已经在讨论之中的《选举法案》，赋予每一个公民相同的投票权。

对于南方各州的黑人来说，这是可以和南北战争并列的最大的历史转折之一。从此以后，南方的黑人有了选举权，有了通过投票来表达自己政见的权利。从前那些包括人头税、识字率等在选举权上的限制，都不复存在了。该法案甚至还规定，对母语不是英语的少数族裔，要提供双语的选举材料和投票箱。

这个法案在当年的夏天获得通过，于8月6日被正式签署。在那之前的3月15日，聚集在塞尔玛的少数族裔发起了第三波游行。这一次，参加的人数接近2 000人，他们全程受到由约翰逊总统派来的军队以及FBI特工的保护。游行者们沿着80号公路，浩浩荡荡地徒步前行，每日行进约16千米，沿途不断吸收新的示威者。3月24日，游行大军抵达了州府，2 500多人涌到州政府大楼门前，支持总统签署《选举法案》。

《选举法案》的通过，标志着平权运动进入了最后的高潮和收获胜利的阶段。平权运动的成果，不仅鼓舞着南方的黑人，也让北方的黑人们充满期待。当期待和现实出现落差之时，为呼吁平等而发起的对抗在北方也展开了。1967年夏天，在全国100多座城市（特别是此前获得关注较少的北方城市，比如辛辛那提、底特律、密尔沃基、布法罗等），发生了不同族群对抗引起的骚乱。骚乱发生后，约翰逊总统进行了深刻反思，专门成立了负责研究城市社会问题的科纳委员会（Kerner Commission）。

虽然委员会提交的调查报告本身有较大的争议，但是通过这次调查，隐藏在全国各大城市中的秩序缺失、族群对立和社会的撕裂问题，得到了广泛关注，改善黑人的生活环境和就业机会的呼声也逐渐响起。虽然在有些白人心中，对黑人等部分群体的歧视一直存在，甚至连马丁·路德·金也在1968年被人刺杀，但平权运动的胜利，至少从法律层面上消灭了种族间的隔离、歧视及压迫。除了《选举法案》以外，一系列其他的平权法案相继被签署通过。美国的各级院校也开始给少数族裔留出录取名额，并加强了对社会公正、种族平等的教育，以缩小社会差距。

因为见证了把平权运动引向高潮，并促使《选举法案》获得通过的这次大游行，1996年，从塞尔玛到蒙哥马利的这条只有87千米长的路段，被国家公园署纳入旗下，成为最"年轻"的美国国家历史步道。2015年，在这场大游行的50周年纪念仪式上，时任总统的奥巴马和前总统布什同时到场参与纪念活动。奥巴马站在当年阿梅利亚被打晕的公路桥上发表了演说，他说：

"在历史上，有一些特别的地点和瞬间，决定了这个国家的命运。它们有的是战争，比如康科德、莱克星顿、阿波麦托克斯和盖底斯堡；有的则象征了美国充满勇气的性格，比如独立厅、塞内卡瀑布、基提浩克和卡纳维尔角①。塞尔玛就是这样的一个地方……那不是两军之间的交锋，而是两种信仰的角逐，是对美国这个国家所存在的意义的一场考验。"

《选举法案》出台之前各州少数族裔选举权状态

① 注释：阿波麦托克斯是南北战争最后一场大型战斗的地点；塞内卡瀑布是美国第一次有关妇女权益的会议的会场所在地；基提浩克是莱特兄弟试飞的地方；卡纳维尔角是 NASA 的发射基地。

图书在版编目（CIP）数据

路上的美国史 / 叶山著. -- 重庆：重庆大学出版
社, 2023.9
（万花筒）
ISBN 978-7-5689-2836-6

Ⅰ.①路… Ⅱ.①叶… Ⅲ.①美国 - 历史 Ⅳ.
①K712.0

中国版本图书馆CIP数据核字(2021)第133139号

路上的美国史
LUSHANG DE MEIGUO SHI
叶山　著

责任编辑：姚　颖　　书籍设计：M°°° Design
责任校对：邹　忌　　责任印制：张　策

重庆大学出版社出版发行
出版人：陈晓阳
社址：(401331)重庆市沙坪坝区大学城西路21号
网址：http://www.cqup.com.cn
印刷：重庆市正前方色彩印刷有限公司

开本：890mm×1240mm　1/32　印张：11.625　字数：253千
2023年9月第1版　　2023年9月第1次印刷
ISBN 978-7-5689-2836-6　　定价：69.00元